Maciej Noszczak

Junkers Ju 87 D, G

Ju 87 D (*Dora*) is another version of this popular dive bomber. Despite the weak armour and less sufficient performance, the Stukas were still produced due to the lack of a successor. However, the plane underwent some modifications that allowed it to be used for a variety of tasks.

Ju 87 D had a more efficient water and oil cooling system, a more aerodynamic fuselage and modified crew cabin that was more spacious and better thought out. *Dora* was driven by one of the two Junkers' engines: Jumo 211 J-1 with 1420 hp or Jumo 211 P with 1500 hp. Fuel tanks were increased up to the capacity of 1370 l, which allowed to achieve an average flight length of 2 hours and 15 minutes. In the case of using external drop-tanks, the flight time increased to 4 hours. In relation to the Ju 87 B version D could carry much bigger load of bombs. It was a jump from 500 to about 1200 kg of bombs, and with minimum amount of fuel and for short-distance missions, the aircraft could carry up as much as 1800 kg of bombs.

Individual variants – from D-1 to D-4 – differed in the used armour and equipment: D-2 – was planned for tropical operations, D-3 – was planned for night (D-3 N) or tropical missions (D-3/trop), D-4 – torpedo-bomber version,

Wings of Ju 87 D-5 were 60 cm longer than previous variants. In addition, the new Junkers Jumo 211P turbocharged engine was used. After deploying Jumo 213 engines with more power, longer wings were abandoned. Variant D-5, like some machines of the D-3 series, was equipped with two MG 151/20 guns installed in the wings (180 rounds per gun). The rear gunner had at his disposal a double MG 81Z machine gun with a reserve from 1,400 to 2,000 rounds.

One of the most characteristic versions of Ju 87 was the G version (*Gustav*). The machines were adapted to the role of tank destroyers. Initially, the main weapon was two MG 151/20 cannons in wins, but the most famous Stukas pilot – Hans-Ulrich Rudel – was the originator of installing two BK 3.7 cm cannons under the wings. The weapon turned out to be extremely effective, especially in the hands of pilots such as Rudel and his colleagues. Stukas have gained new nicknames: *Kanonenvogel* (bird with cannons) or *Panzerknacker* (tank sufferer). Two 37-mm guns had a stock of 12 armour-piercing rounds (ammunition was stored in external cassettes attached to the gun housing). Limits of aging Stukas this time turned into an advantage, because low speed and large bearing surface facilitate the approach and aiming for slow or static targets.

Ju 87 D (*Dora*) to kolejna z wersji tego popularnego bombowca nurkującego. Mimo słabego opancerzenia i coraz mniej wystarczających osiągów, Stuki były nadal produkowane z powodu braku następcy. Samolot przechodził jednak pewne modyfikacje, które pozwalały wykorzystywać go do różnorodnych zadań.

W przypadku Ju 87 D zastosowano wydajniejszy system chłodzenia wody i oleju, bardziej aerodynamiczny kadłub oraz zmodyfikowaną kabinę załogi, która była przestronniejsza i lepiej przemyślana. *Dora* była napędzana przez jeden z dwóch silników Junkersa: Jumo 211 J-1 o mocy 1420 KM lub Jumo 211 P o mocy 1500 KM. Zwiększono zbiorniki paliwa – do pojemności 1370 l, co pozwalało osiągać średnią długość lotu na poziomie 2 godzin i 15 minut. W przypadku zastosowania podwieszanych zbiorników paliwa czas lotu wzrastał do 4 godzin. W stosunku do Ju 87 B wersja D mogła przenosić znacznie więcej uzbrojenia ofensywnego w postaci bomb. Był to przeskok z 500 do ok. 1200 kg bomb, a po zatankowaniu minimalnej ilości paliwa i przy misjach na krótkim dystansie samolot mógł przenieść nawet 1800 kg bomb.

Poszczególne podwarianty – od D-1 do D-4 – różniły się zastosowanym opancerzeniem i wyposażeniem: D-2 – planowany do działań w warunkach tropikalnych, D-3 – planowany do działań nocnych (D-3 N) lub tropikalnych (D-3/trop), D-4 – wersja torpedowo-bombowa,

Ju 87 D-5 różnił się od poprzednich wariantów wydłużonymi o 60 cm skrzydłami. Ponadto zastosowano nowy silnik Junkers Jumo 211P z turbodoładowaniem. Po wdrożeniu do użytkowania silników Jumo 213 o większej mocy zrezygnowano z dłuższych skrzydeł. Wariant D-5, podobnie jak niektóre maszyny serii D-3, wyposażony był w dwa działka MG 151/20 instalowane w skrzydłach (po 180 pocisków na działko). Tylny strzelec miał do dyspozycji podwójny karabin maszynowy MG 81Z z zapasem od 1400 do 2000 naboi.

Jedną z bardziej charakterystycznych wersji Ju 87 była wersja G (*Gustav*). Były to maszyny przystosowane do roli niszczycieli czołgów. Początkowo głównym ich uzbrojeniem były dwa podskrzydłowe działka MG 151/20, ale najsłynniejszy pilot Stukasów – Hans-Ulrich Rudel – był pomysłodawcą montażu pod skrzydłami dwóch działek BK 3,7 cm. Broń okazała się niezwykle skuteczna, zwłaszcza w rękach pilotów takich jak Rudel i jego koledzy. Stukasy zyskały nowe przydomki: *Kanonenvogel* (ptak z armatami) lub *Panzerknacker* (zgniatacz czołgów). Dwa 37-milimetrowe działka miały zapas 12 pocisków przeciwpancernych na lufę (amunicja mieściła się w zewnętrznych kasetach zamocowanych do obudowy działa). Ograniczenia starzejących się Stukasów tym razem przekuto w atut, bowiem niewielka prędkość i duża powierzchnia nośna ułatwiały podejście i celowanie do powolnych lub statycznych celów.

Junkers Ju 87 D, G • Maciej Noszczak
First edition / Wydanie pierwsze • LUBLIN 2019 • ISBN 978-83-66148-42-0

Translation / Tłumaczenie: **Stanisław Powała-Niedźwiecki** • Color profiles / Plansze barwne: **Arkadiusz Wróbel** • Scale drawings / Rysunki techniczne: **Maciej Noszczak** • Design: **KAGERO STUDIO**

Distribution / Dystrybucja: Kagero Publishing • www.kagero.pl • e-mail: kagero@kagero.pl, marketing@kagero.pl
Editorial Office, Marketing / Redakcja, Marketing: Kagero Publishing, ul. Akacjowa 100, os. Borek, Turka, 20-258 Lublin 62, Poland, phone/fax +48 81 501 21 05

Ju 87 D-1

0 0,5 1 2 3m

Scale/skala 1/48

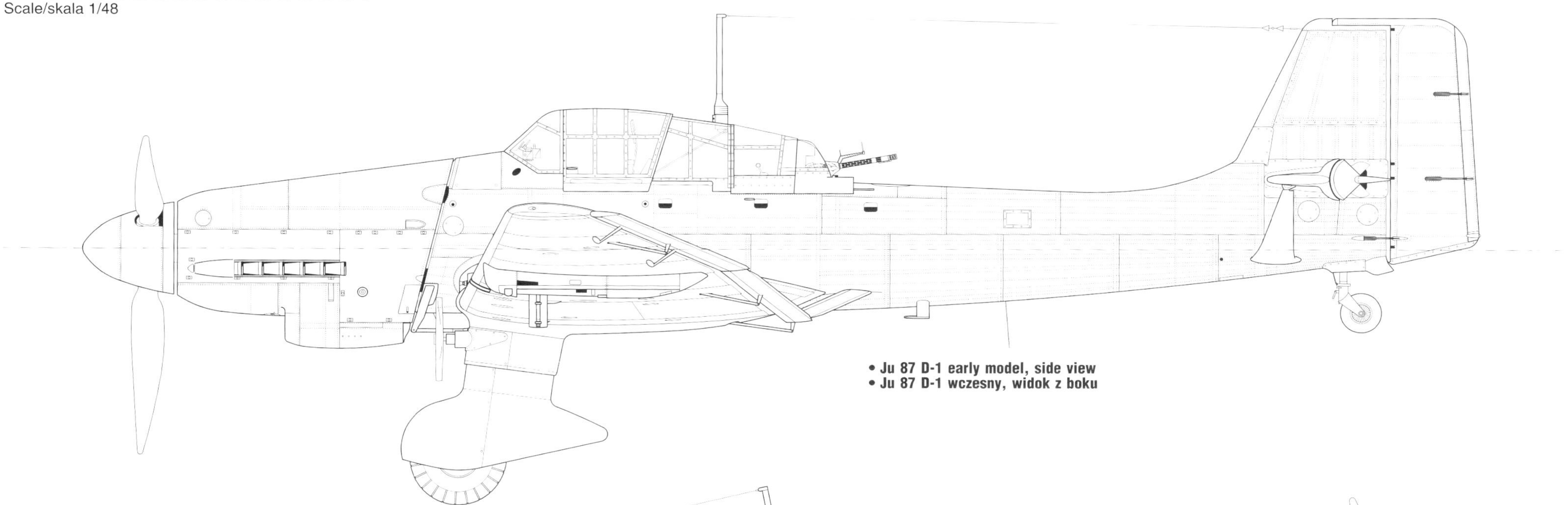

• Ju 87 D-1 early model, side view
• Ju 87 D-1 wczesny, widok z boku

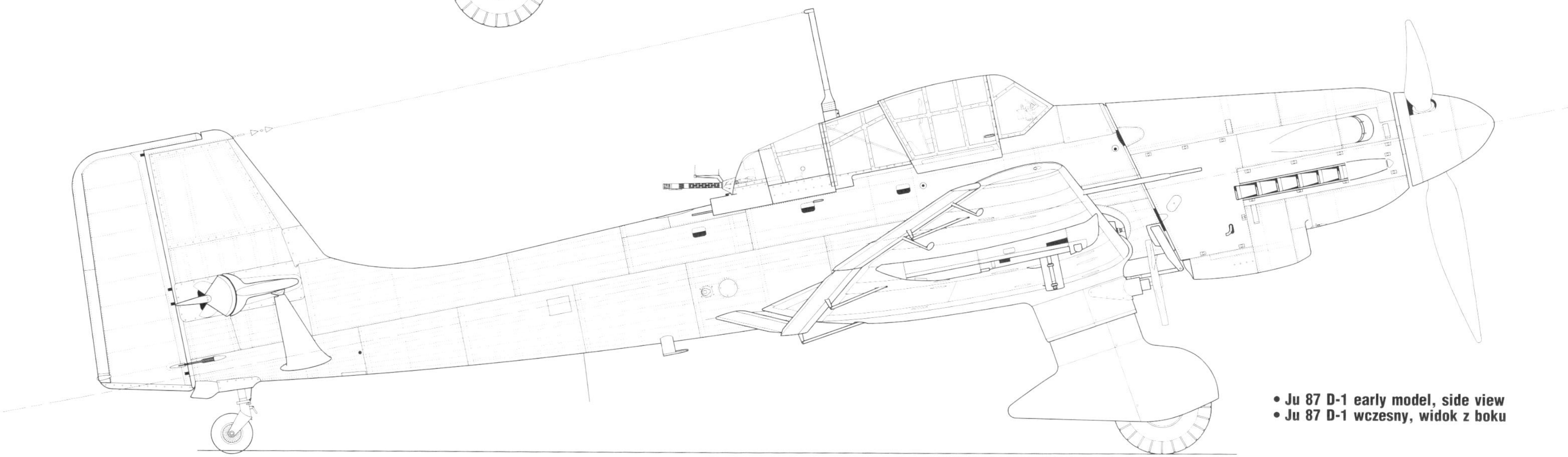

• Ju 87 D-1 early model, side view
• Ju 87 D-1 wczesny, widok z boku

Ju 87 D-1

0 0,5 1 2 3m

Scale/skala 1/48

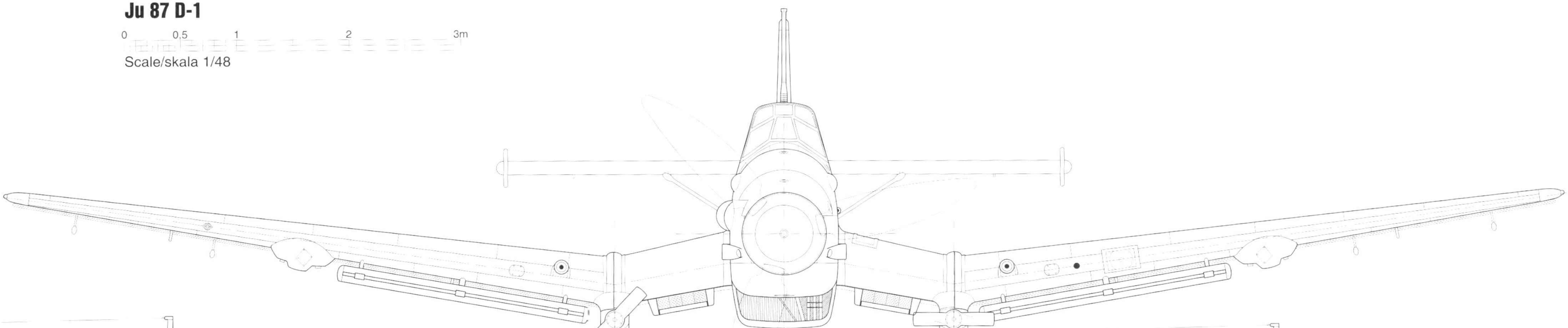

• Ju 87 D-1, front view
• Ju 87 D-1, widok z przodu

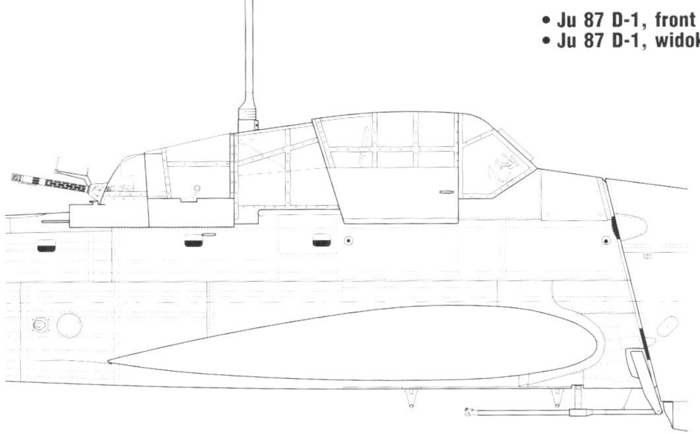

• Canopy armour plate variation
• Opancerzenie kabiny – wariant

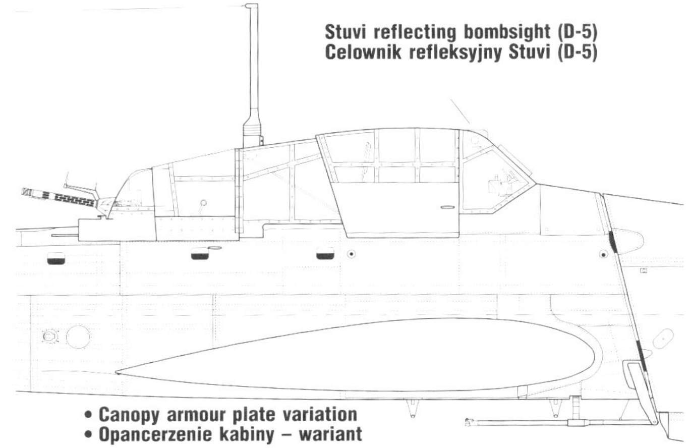

Stuvi reflecting bombsight (D-5)
Celownik refleksyjny Stuvi (D-5)

• Canopy armour plate variation
• Opancerzenie kabiny – wariant

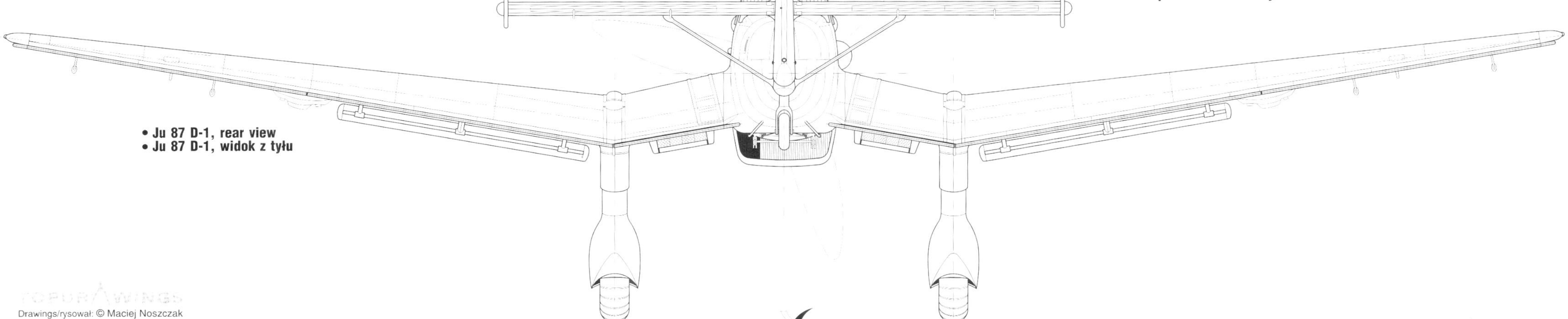

• Ju 87 D-1, rear view
• Ju 87 D-1, widok z tyłu

Ju 87 D-1/D-2, D-3

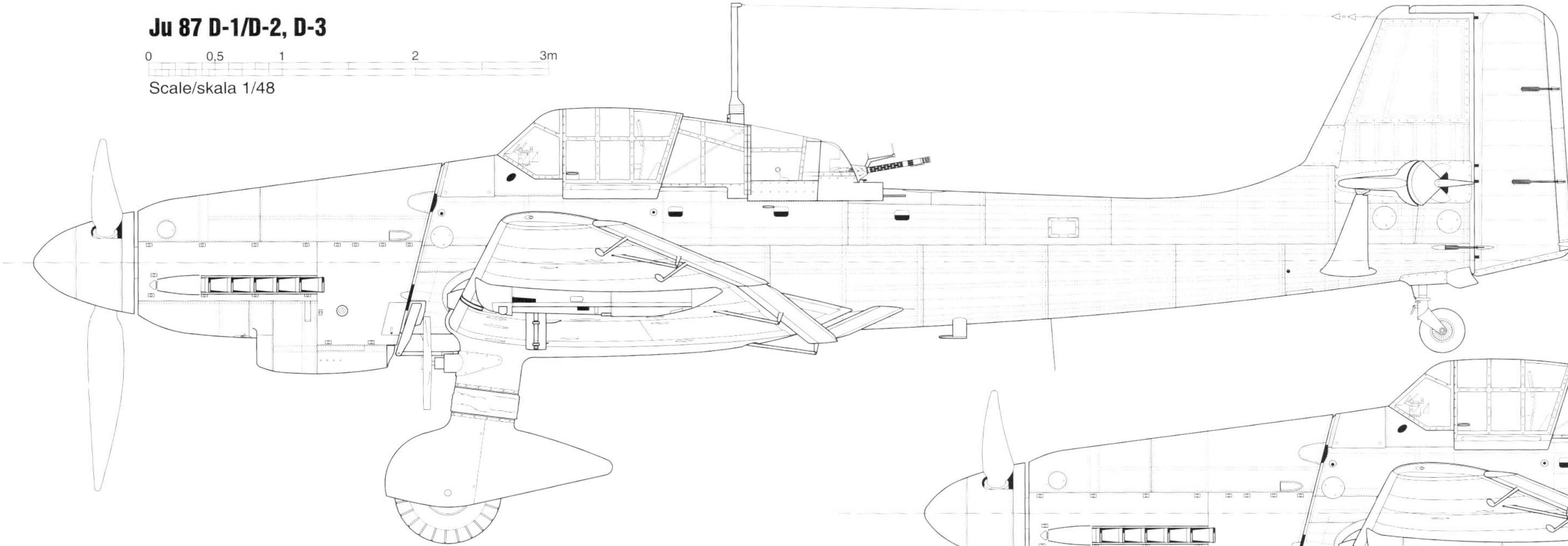

• Ju 87 D-1/D-2, side view
• Ju 87 D-1/D-2, widok z boku

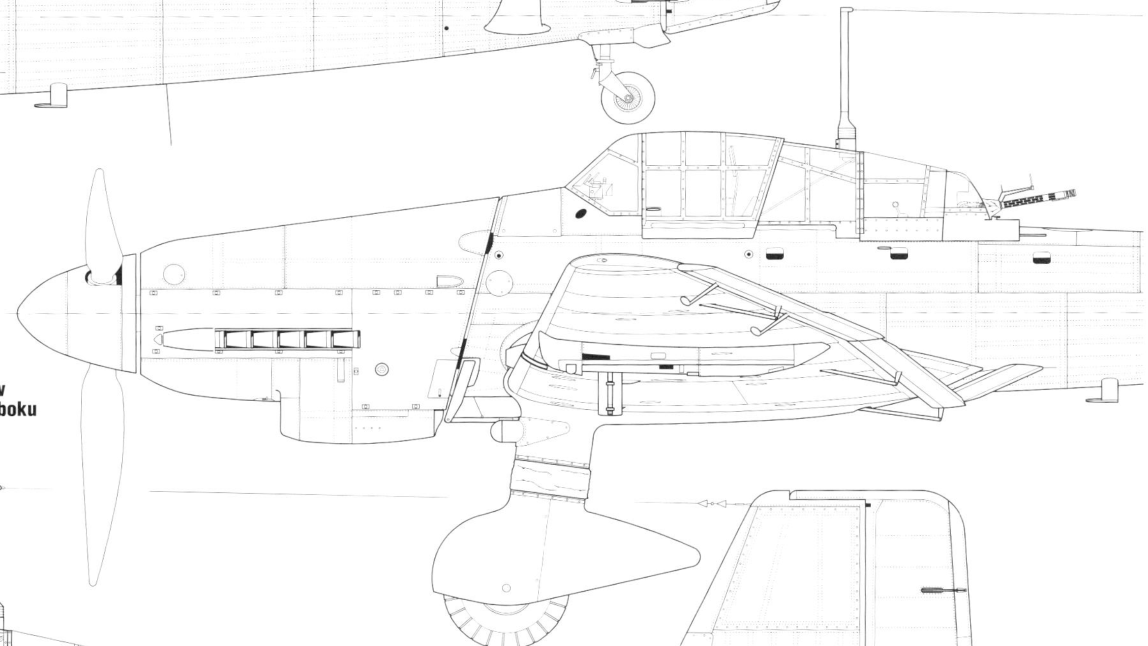

• Ju 87 D-1/D-2, side view
• Ju 87 D-1/D-2, widok z boku

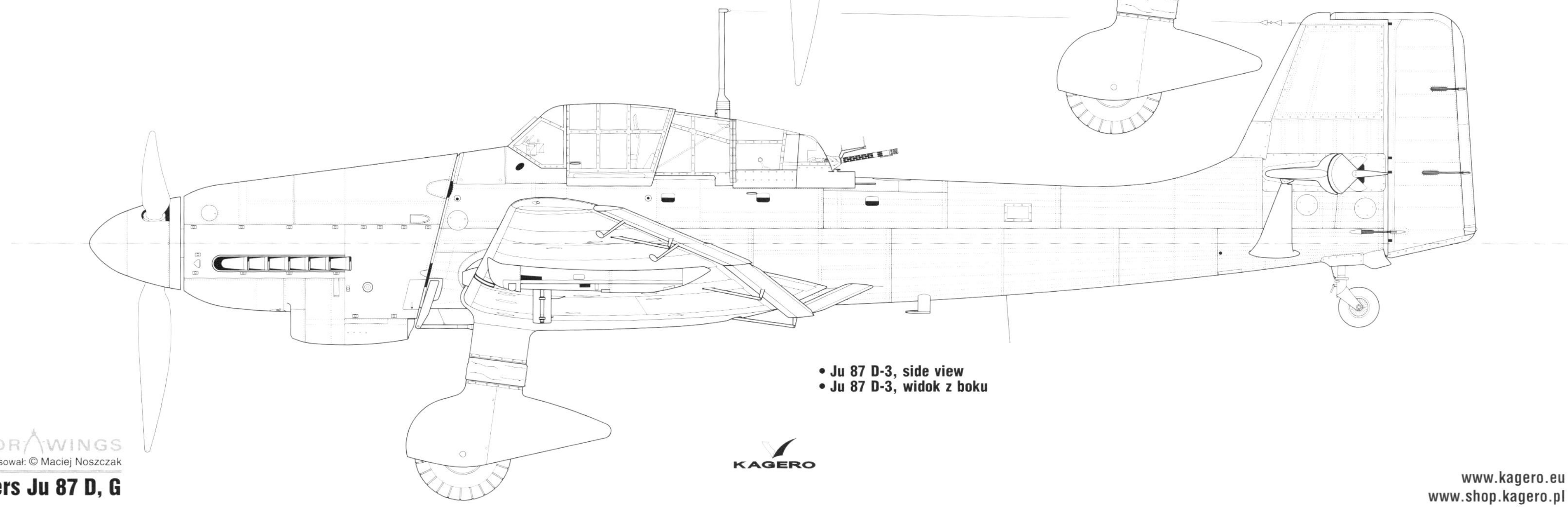

• Ju 87 D-3, side view
• Ju 87 D-3, widok z boku

Sheet/Arkusz 3

TOPDRAWINGS
Drawings/rysował: © Maciej Noszczak
Junkers Ju 87 D, G
KAGERO
www.kagero.eu
www.shop.kagero.pl

Ju 87 D-1, D-3

Scale/skala 1/48

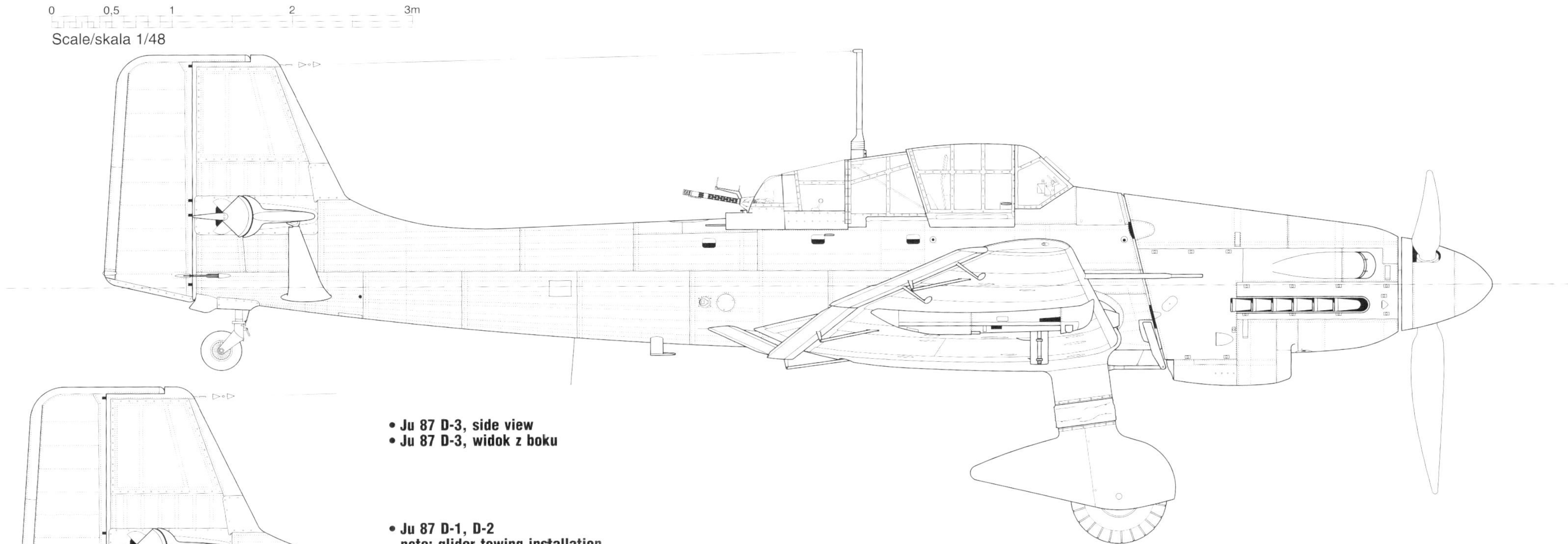

• Ju 87 D-3, side view
• Ju 87 D-3, widok z boku

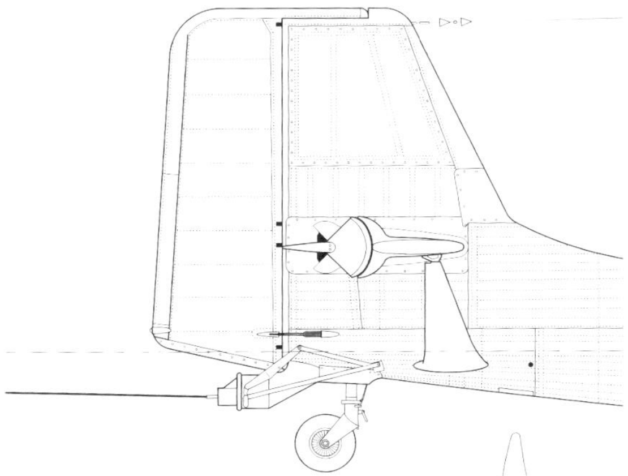

• Ju 87 D-1, D-2
note: glider towing installation
• Ju 87 D-1, D-2
uwaga: samolot ma zamocowany hol dla szybowców

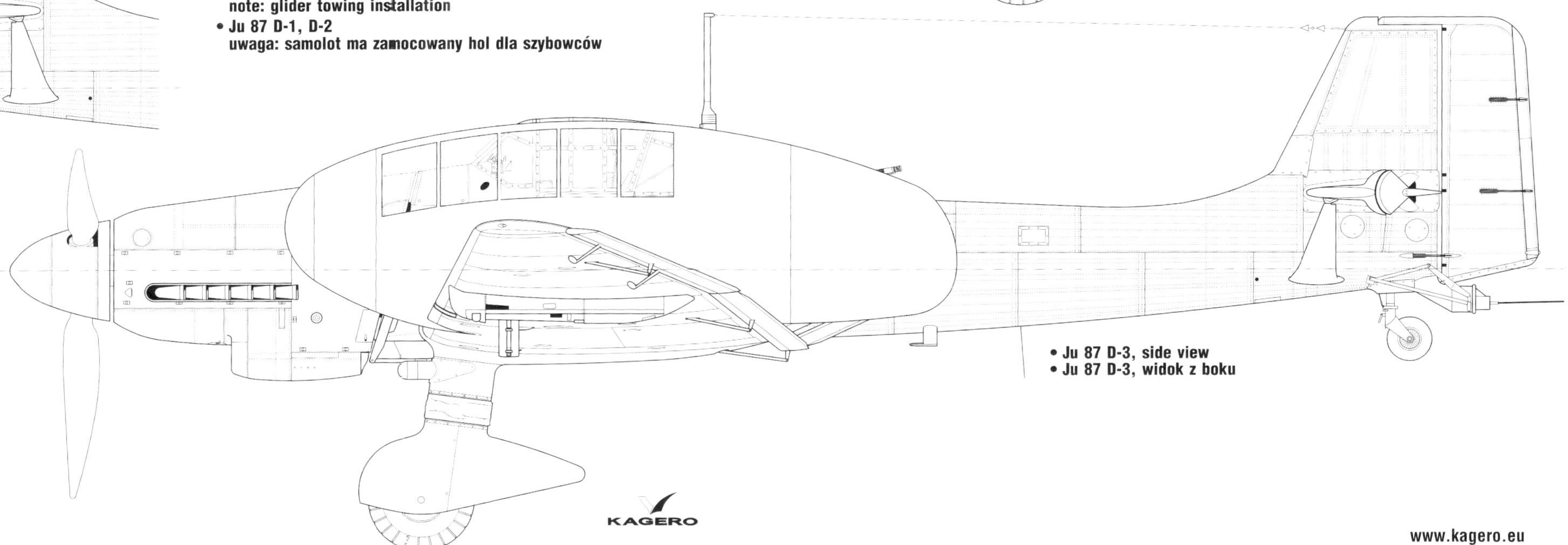

• Ju 87 D-3, side view
• Ju 87 D-3, widok z boku

TOPDRAWINGS
Drawings/rysował: © Maciej Noszczak

KAGERO

www.kagero.eu
www.shop.kagero.pl

Ju 87 D-3, D-4

Scale/skala 1/48

Sheet/Arkusz 5

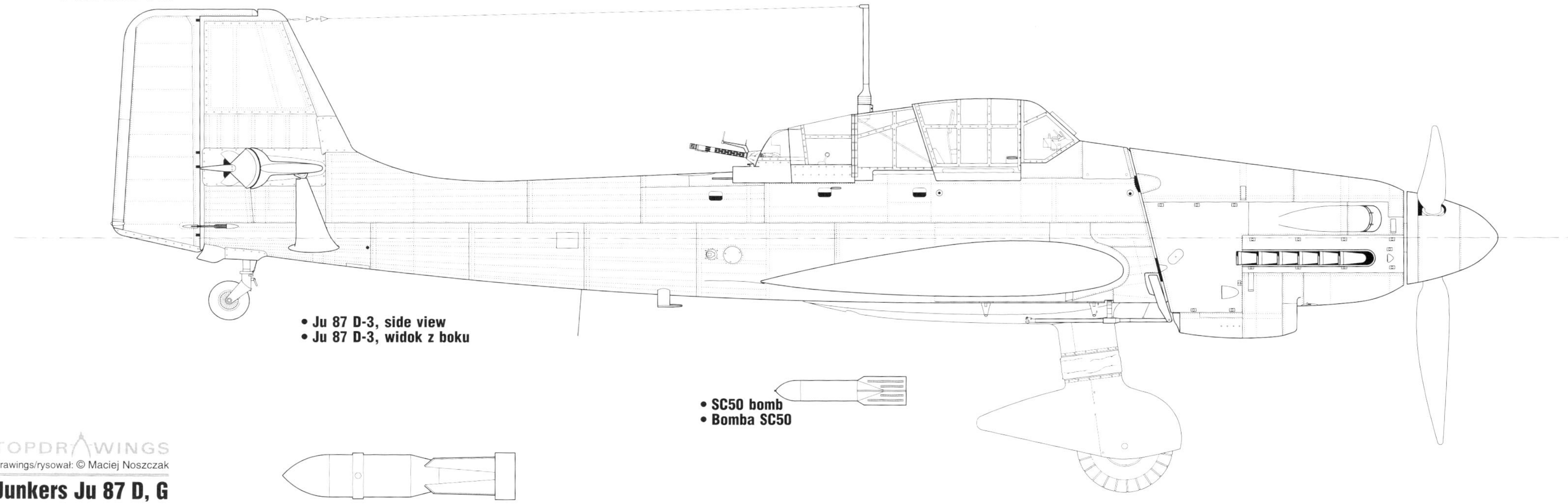

• Ju 87 D-3, side view
• Ju 87 D-3, widok z boku

• SC50 bomb
• Bomba SC50

• SD500 bomb
• Bomba SD500

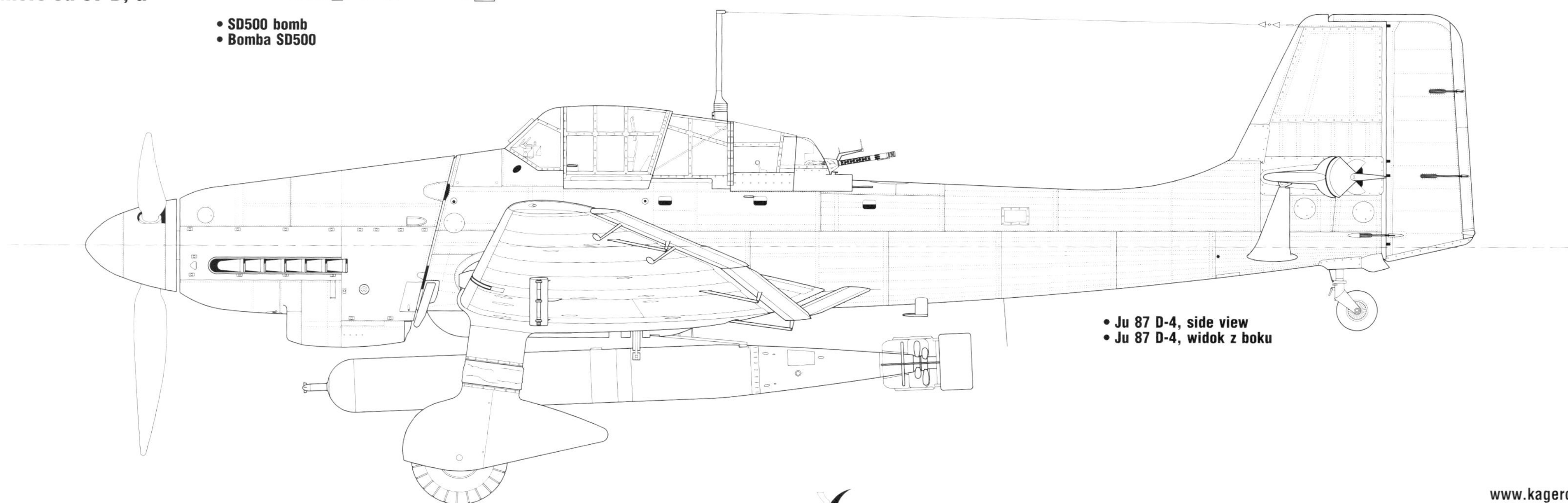

• Ju 87 D-4, side view
• Ju 87 D-4, widok z boku

TOPDRAWINGS
Drawings/rysował: © Maciej Noszczak

Junkers Ju 87 D, G

KAGERO
www.kagero.eu
www.shop.kagero.pl

Ju 87 D-3, D-4

0 0,5 1 2 3m

Scale/skala 1/48

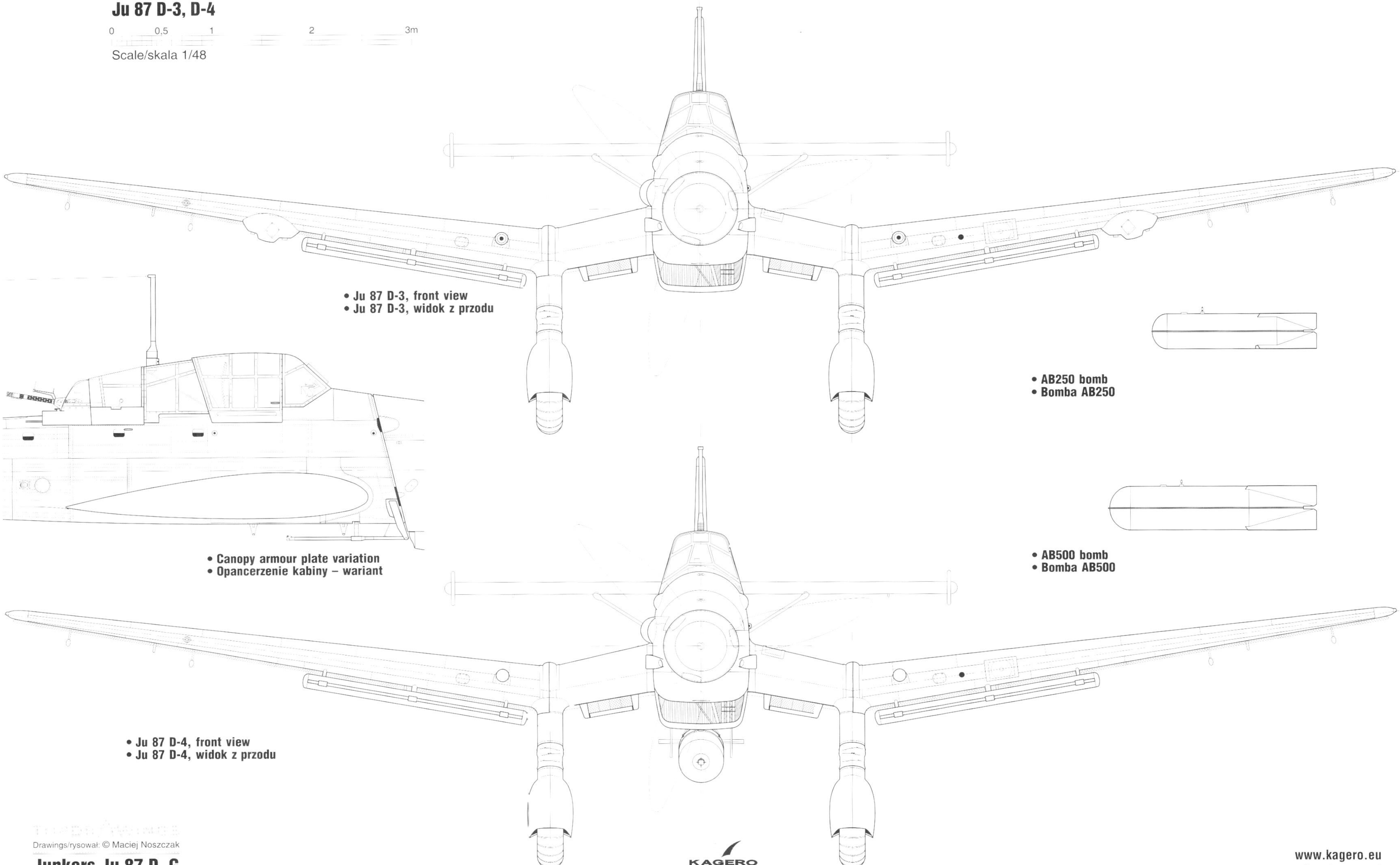

• Ju 87 D-3, front view
• Ju 87 D-3, widok z przodu

• AB250 bomb
• Bomba AB250

• Canopy armour plate variation
• Opancerzenie kabiny – wariant

• AB500 bomb
• Bomba AB500

• Ju 87 D-4, front view
• Ju 87 D-4, widok z przodu

Drawings/rysował: © Maciej Noszczak

KAGERO

www.kagero.eu
www.shop.kagero.pl

Ju 87 D-5

0 0,5 1 2 3m
Scale/skala 1/48

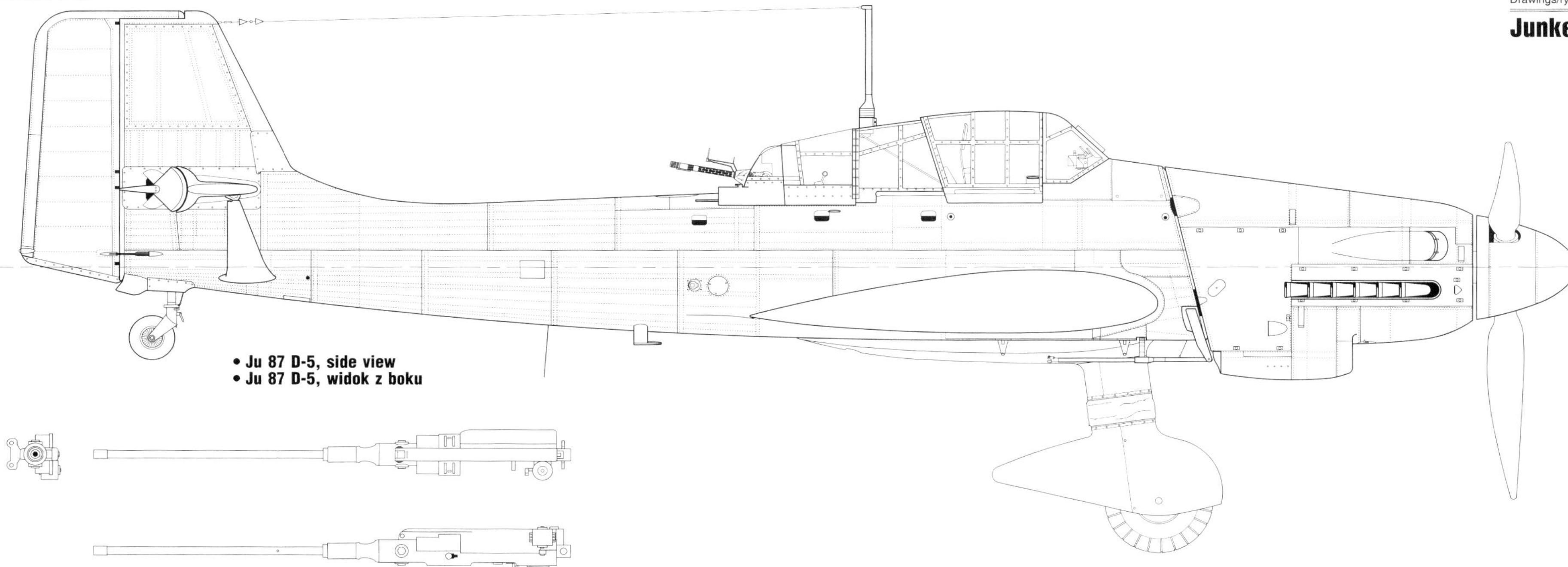

• Ju 87 D-5, side view
• Ju 87 D-5, widok z boku

• MG 151/20 20 mm, cannon (1/16)
• Działko MG 151/20 kal. 20 mm (1/16)

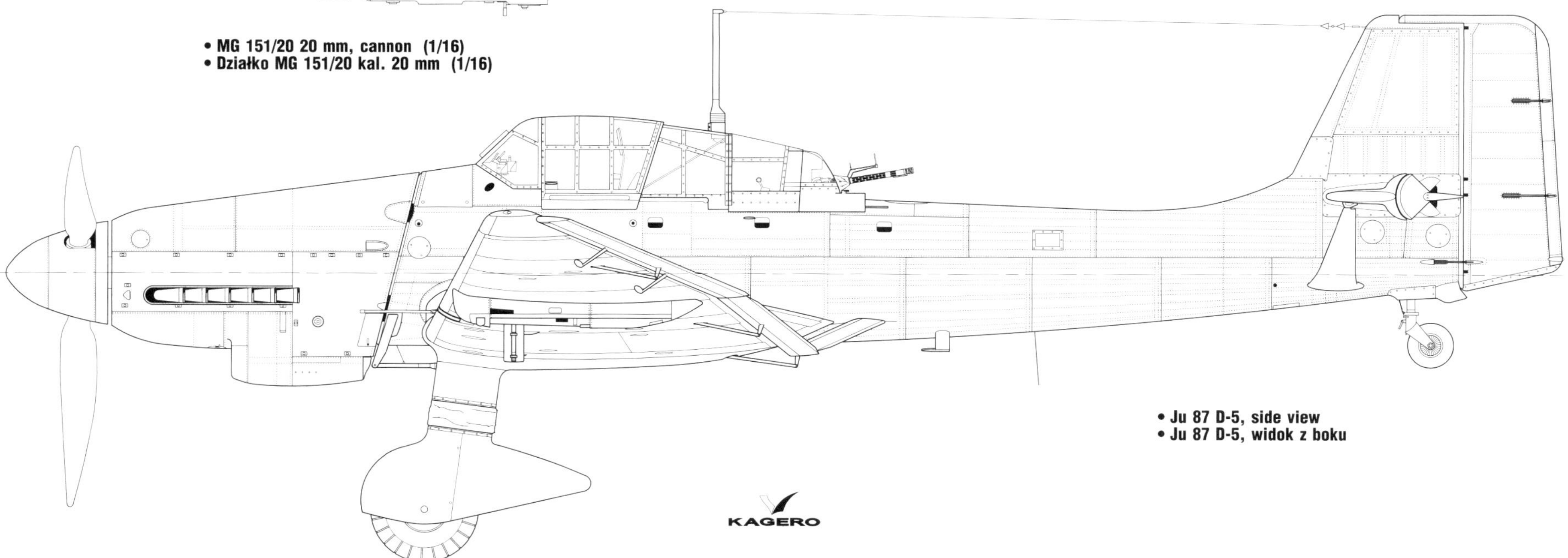

• Ju 87 D-5, side view
• Ju 87 D-5, widok z boku

KAGERO

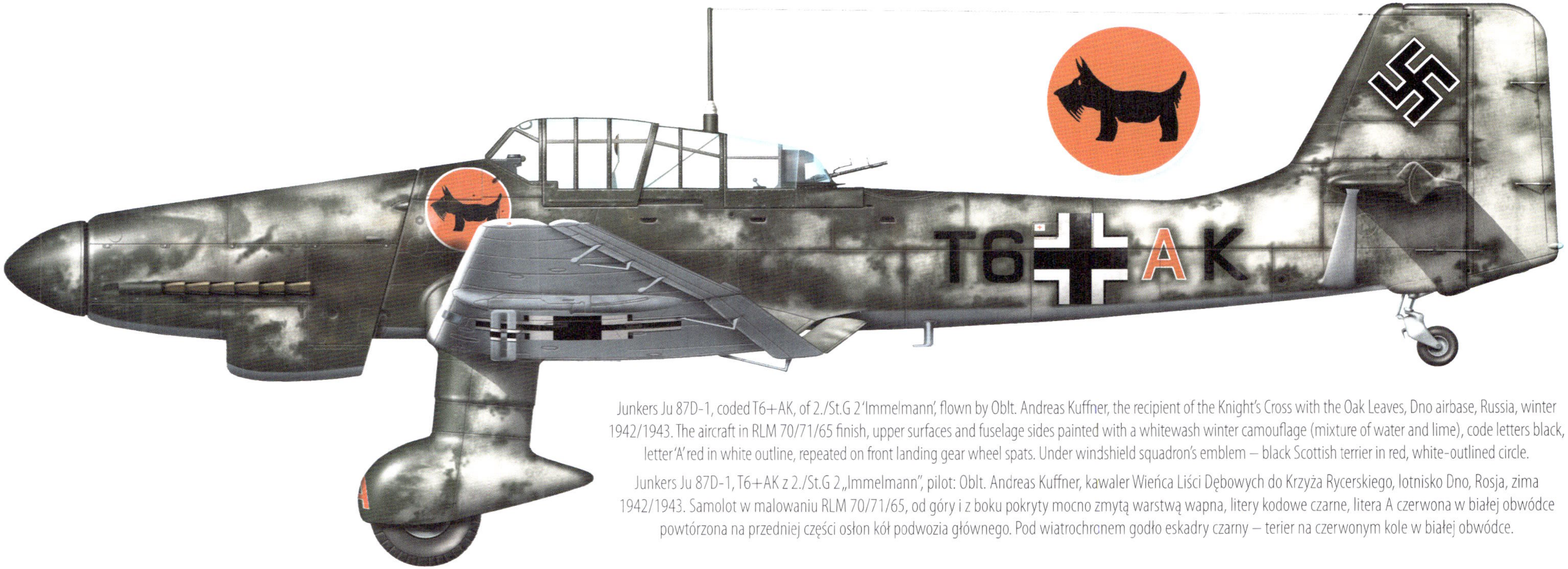

Junkers Ju 87D-1, coded T6+AK, of 2./St.G 2 'Immelmann', flown by Oblt. Andreas Kuffner, the recipient of the Knight's Cross with the Oak Leaves, Dno airbase, Russia, winter 1942/1943. The aircraft in RLM 70/71/65 finish, upper surfaces and fuselage sides painted with a whitewash winter camouflage (mixture of water and lime), code letters black, letter 'A' red in white outline, repeated on front landing gear wheel spats. Under windshield squadron's emblem – black Scottish terrier in red, white-outlined circle.

Junkers Ju 87D-1, T6+AK z 2./St.G 2 „Immelmann", pilot: Oblt. Andreas Kuffner, kawaler Wieńca Liści Dębowych do Krzyża Rycerskiego, lotnisko Dno, Rosja, zima 1942/1943. Samolot w malowaniu RLM 70/71/65, od góry i z boku pokryty mocno zmytą warstwą wapna, litery kodowe czarne, litera A czerwona w białej obwódce powtórzona na przedniej części osłon kół podwozia głównego. Pod wiatrochronem godło eskadry czarny – terier na czerwonym kole w białej obwódce.

Junkers Ju 87D-1, coded S2+AL, of 3./St.G 77, crewed by pilot Staffelkapitän Oblt. Scheffel and his radio operator Fw. Sellhorn, Sarabus-Süd airstrip, Crimea, July 1942. RLM 70/71/65 finish, fuselage band, spinner's tip and lower wingtips in yellow. Code letters black, with the aircraft's individual letter 'A' yellow, black outlined. Seen under windshield is the badge of I./St.G 77.

Junkers Ju 87D-1, S2+AL z 3./St.G 77, pilot: Staffelkapitän Oblt. Scheffel, radiooperator: Fw. Sellhorn, lotnisko Sarabus-Süd, Krym, lipiec 1942 roku. Samolot w malowaniu RLM 70/71/65, pas na kadłubie, przednia część kołpaka śmigła oraz końcówki skrzydeł od doł. żółte. Pod wiatrochronem godło I./St.G 77.

Painted by / Malował:
Arkadiusz Wróbel

Junkers Ju 87 D-3, J9+AH belonging to 7./St.G 1, Orel airfield, Russia, January 1943. This Stuka's RLM 70/71/65 paint scheme was white-washed on the upper and lower surfaces. Of note is a non-standard black shading of the code letter "A". The aircraft features yellow wingtips and fuselage band.

Junkers Ju 87 D-3, J9+AH, należący do 7./St.G 1, lotnisko Orel, Rosja, styczeń 1943 roku. Samolot w malowaniu RLM 70/71/65 pokryty od góry i na bokach kadłuba łatwo zmywalną białą farbą, litera kodowa A z nietypowym czarnym cieniowaniem, żółte końcówki skrzydeł oraz pas na kadłubie.

Painted by / Malował:
Arkadiusz Wróbel

Junkers Ju 87 D-5, coded 'B.7+03' of the Hungarian Air Force, 102/2 Zuhanóbombázó Század, Eastern Front, summer 1944. RLM 70/71/65 finish, fuselage band and lower wingtips yellow. Fuselage code superimposed on rectangles in RLM 02, spinner and rudder in national colours, unit's emblem painted on both sides of the fuselage. White number '3' is visible on front landing gear wheel spats.

Junkers Ju 87 D-5, B.7+03 lotnictwa węgierskiego ze 102/2 Zuhanóbombázó Század, front wschodni, lato 1944 roku. Samolot w malowaniu RLM 70/71/65, pas na kadłubie i końcówki skrzydeł od spodu żółte. Numery na kadłubie namalowane na prostokątach w kolorze RLM 02, kołpak śmigła i usterzenie w barwach narodowych, po obydwu stronach kadłuba godło jednostki. Na przedzie osłon kół biały numer 3.

Junkers Ju 87D-5, coded 'OX-XAC' of the Slovakian Air Force, June 1944. RLM 70/71/65 finish, code letters white, small white '3' visible at the base of the rudder.

Junkers Ju 87D-5, OX-XAC lotnictwa Słowacji, czerwiec 1944 roku. Samolot w malowaniu RLM 70/71/65, litery kodowe białe, na sterze kierunku biały numer 3.

Painted by / Malował:
Arkadiusz Wróbel

Junkers Ju 87 D-5 flown by Lt. Theo Baurle – Staffelkapitan of 3./SG 3. Immola, Finland. Summer 1944

Junkers Ju 87 D-5 pilotowany przez Lt. Theo Baurle – dowódcę eskadry w 3./SG 3. Immola, Finlandia. Lato 1944 r.

KAGERO

Arkadiusz Wróbel

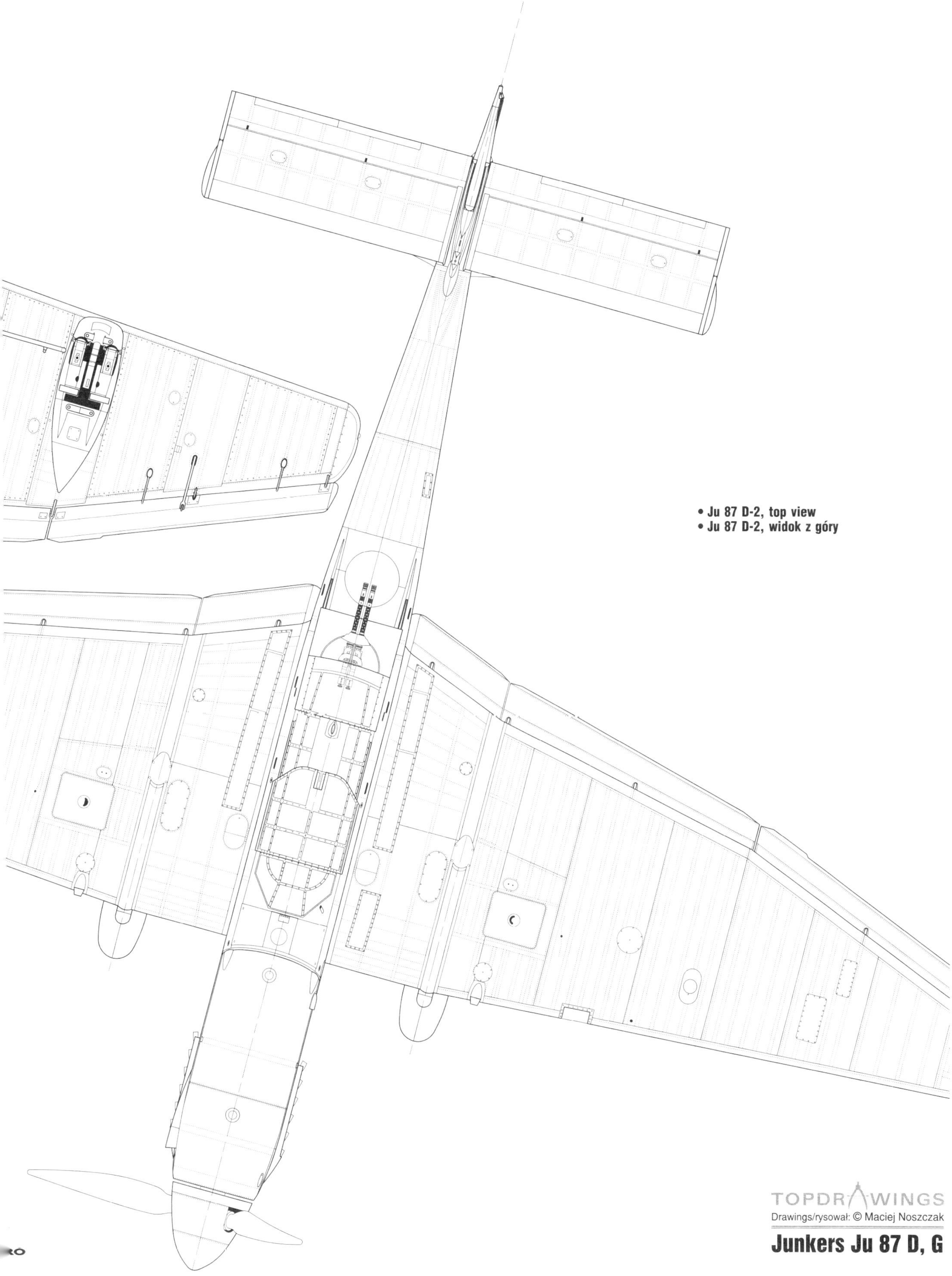

• Ju 87 D-2, top view
• Ju 87 D-2, widok z góry

TOPDRAWINGS
Drawings/rysował: © Maciej Noszczak

Ju 87 D-5

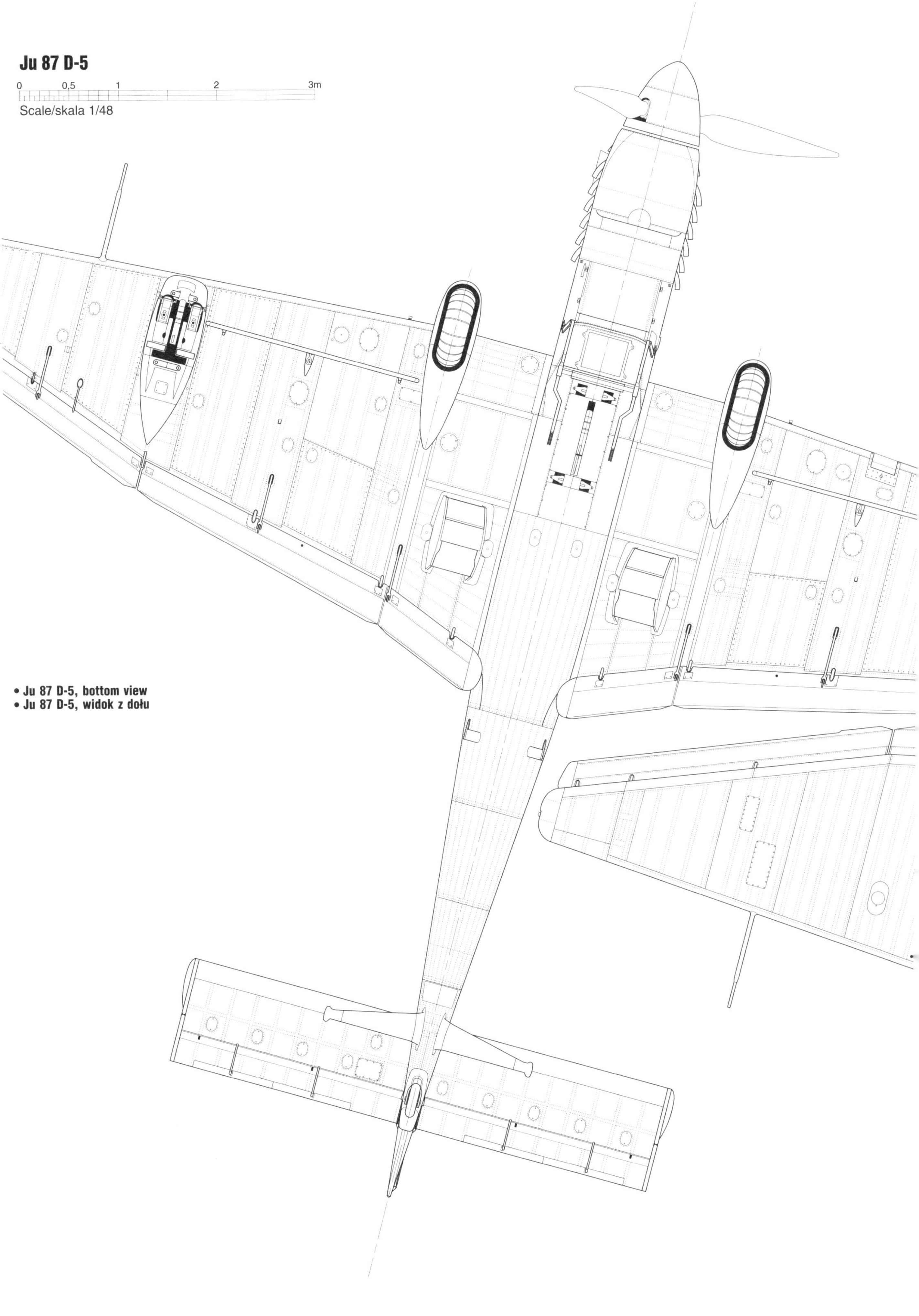

• Ju 87 D-5, bottom view
• Ju 87 D-5, widok z dołu

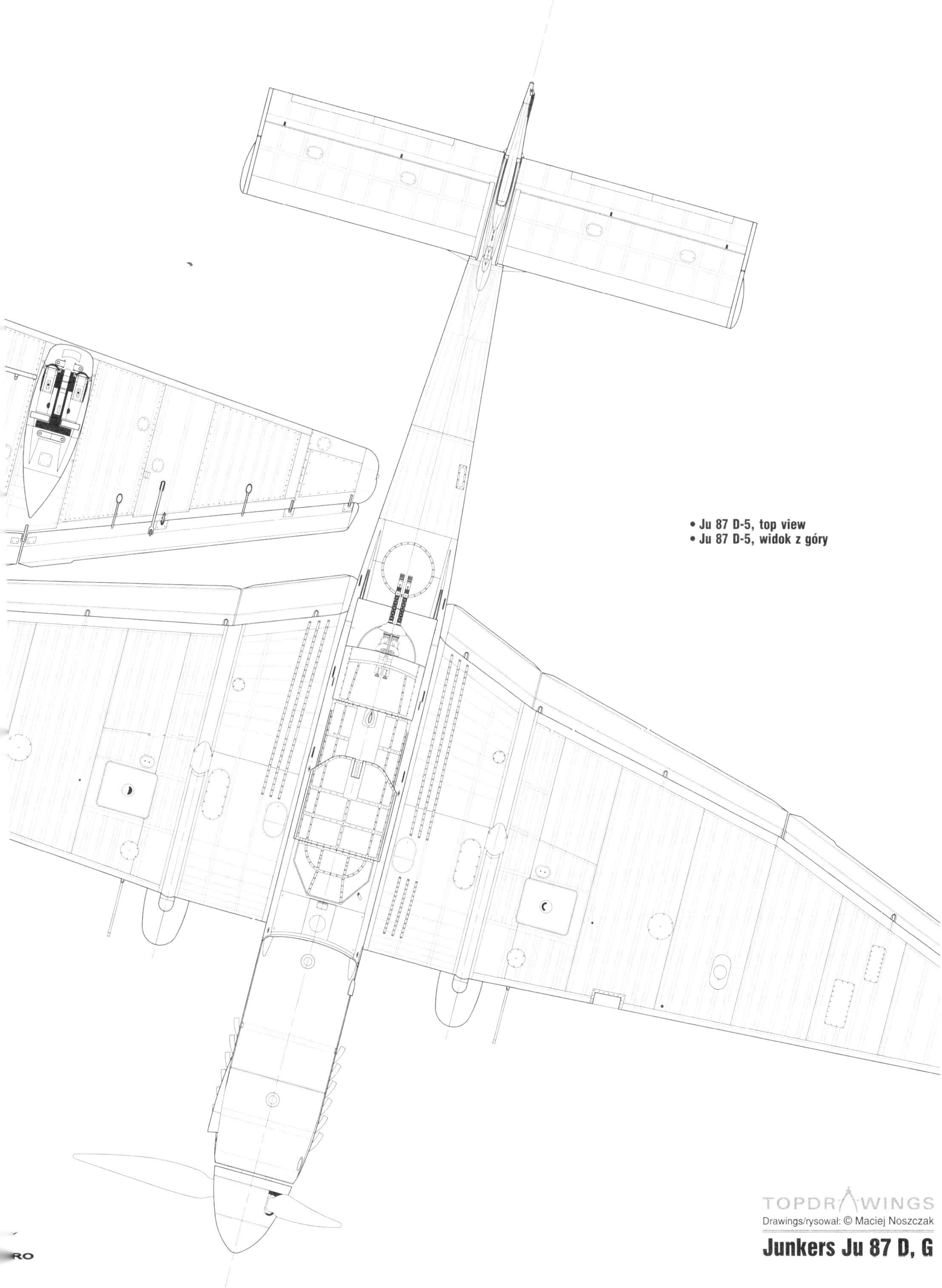

• Ju 87 D-5, top view
• Ju 87 D-5, widok z góry

TOPDRAWINGS
Drawings/rysował: © Maciej Noszczak

Ju 87 D-2

0 0,5 1 2 3m

Scale/skala 1/48

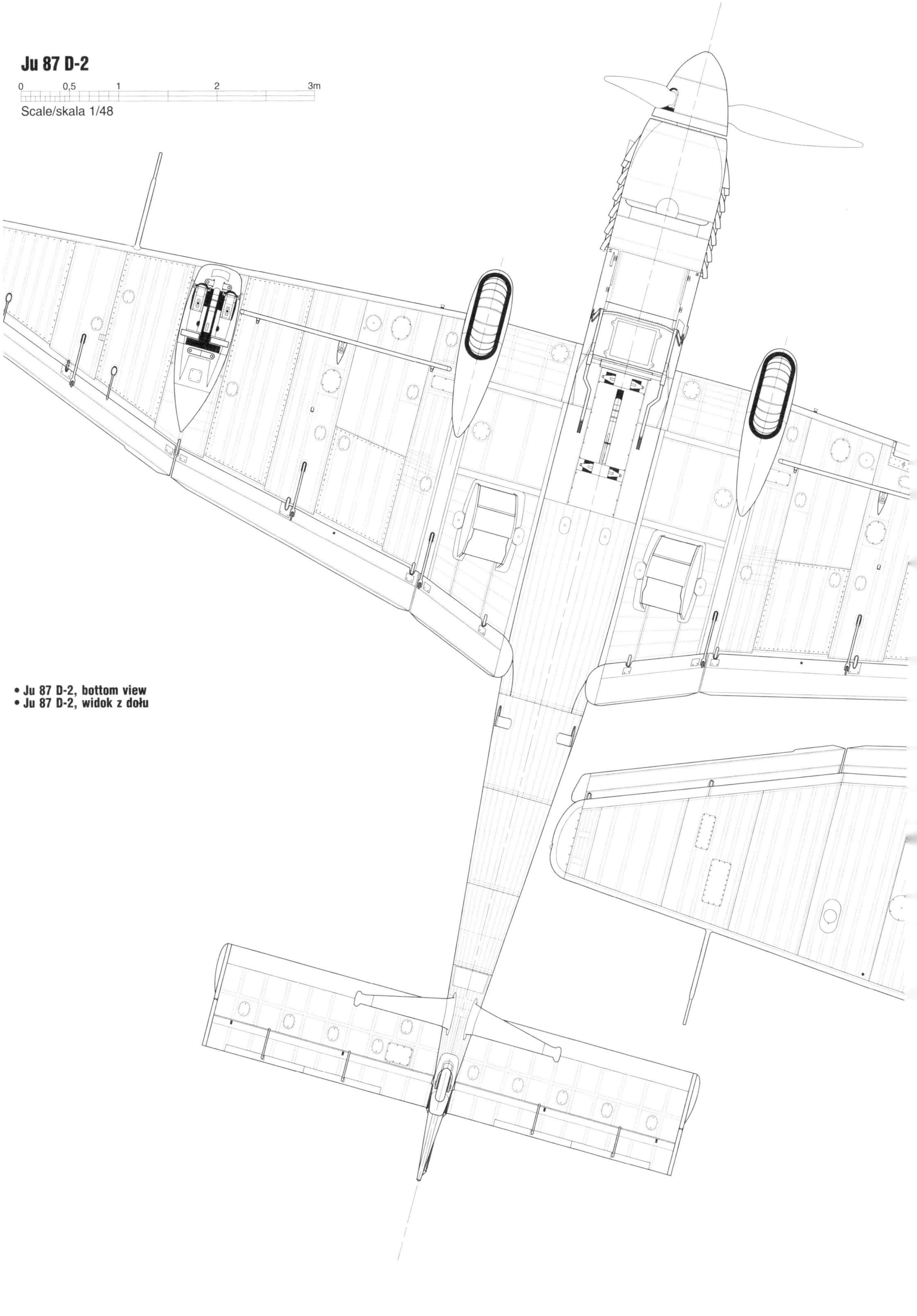

• Ju 87 D-2, bottom view
• Ju 87 D-2, widok z dołu

Sheet/Arkusz 8

Ju 87 D-5

0 0,5 1 2 3m

Scale/skala 1/48

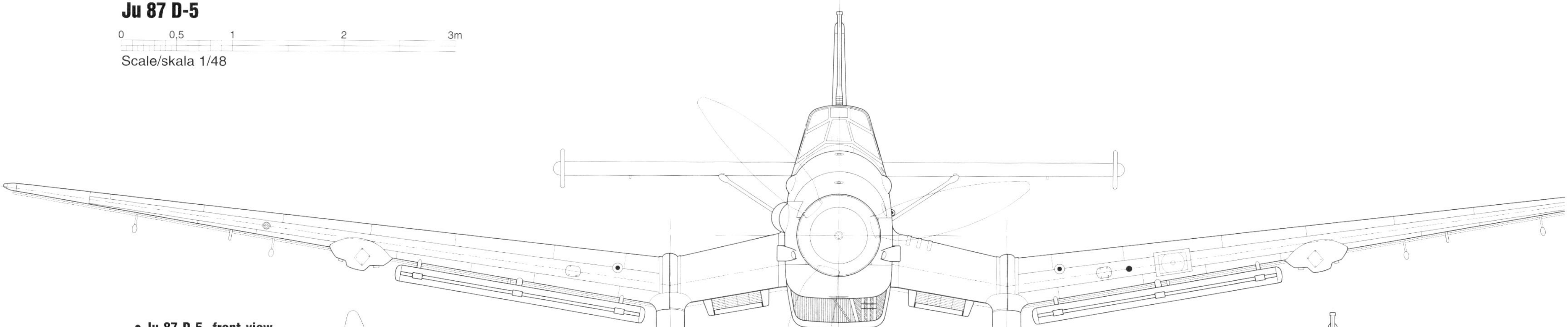

• Ju 87 D-5, front view
• Ju 87 D-5, widok z przodu

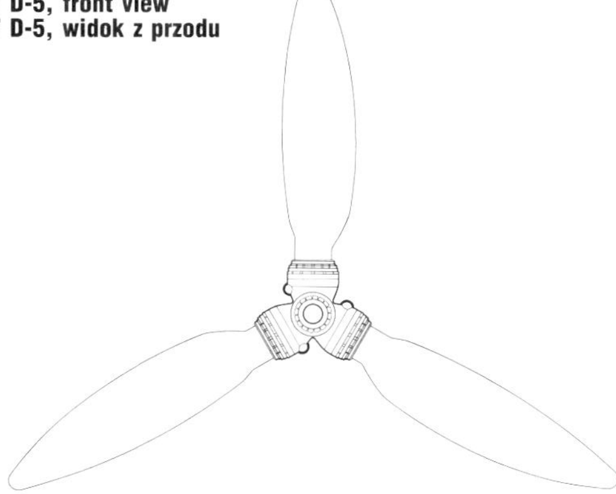

• Wooden VS 111 propeller used from D-3's, late – D-7
• Drewniane śmigło VS 111 D-3, późny D-7

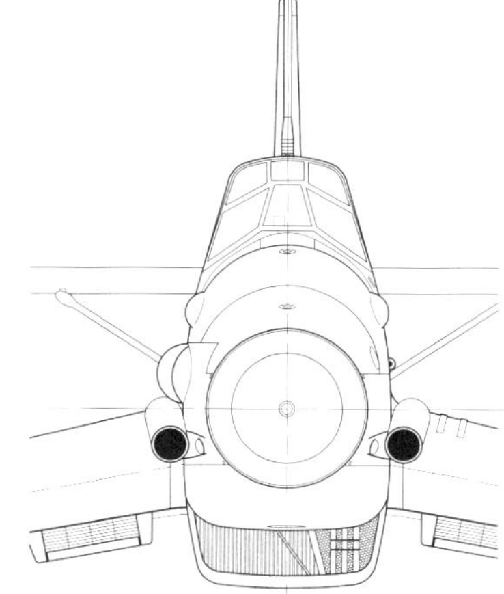

• Ju 87 D-7, front view
• Ju 87 D-7, widok z przodu

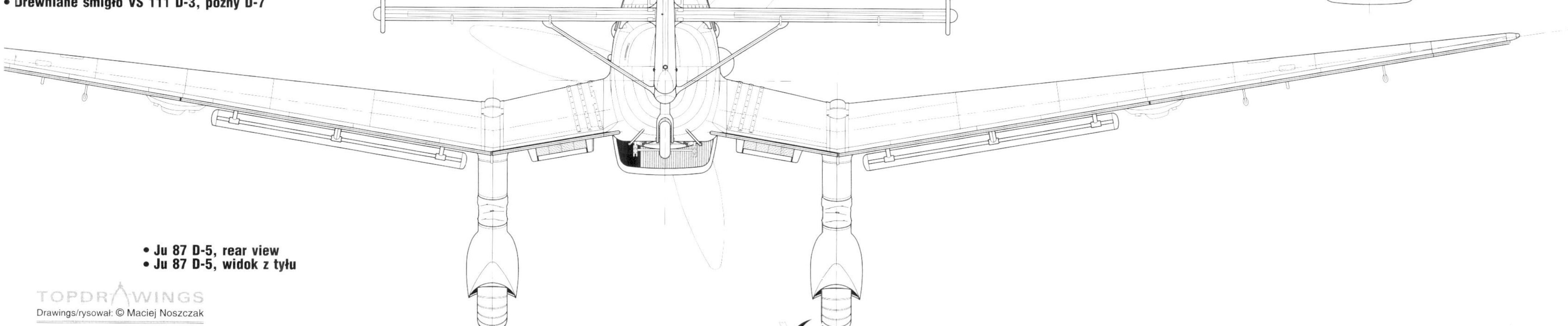

• Ju 87 D-5, rear view
• Ju 87 D-5, widok z tyłu

TOPDRAWINGS
Drawings/rysował: © Maciej Noszczak

Junkers Ju 87 D, G

KAGERO
www.kagero.eu
www.shop.kagero.pl

Ju 87 D-7, D-8, H-1

0 0,5 1 2 3m

Scale/skala 1/48

Sheet/Arkusz 9

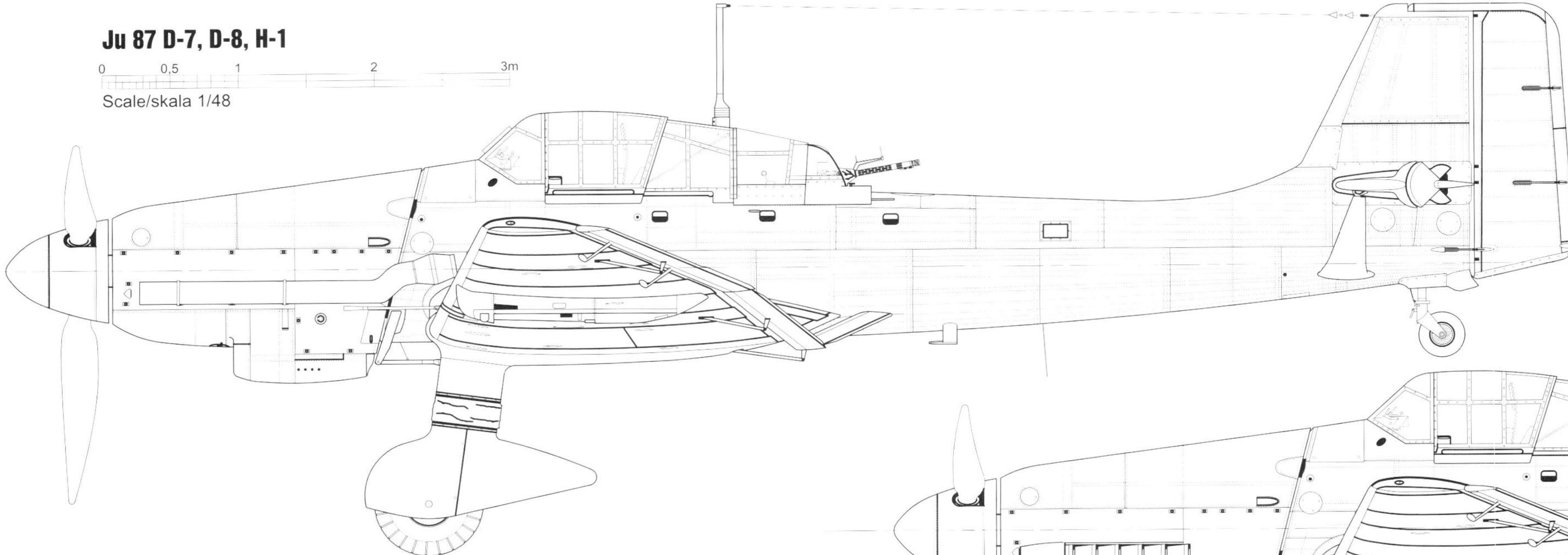

• Ju 87 D-7, side view
• Ju 87 D-7, widok z boku

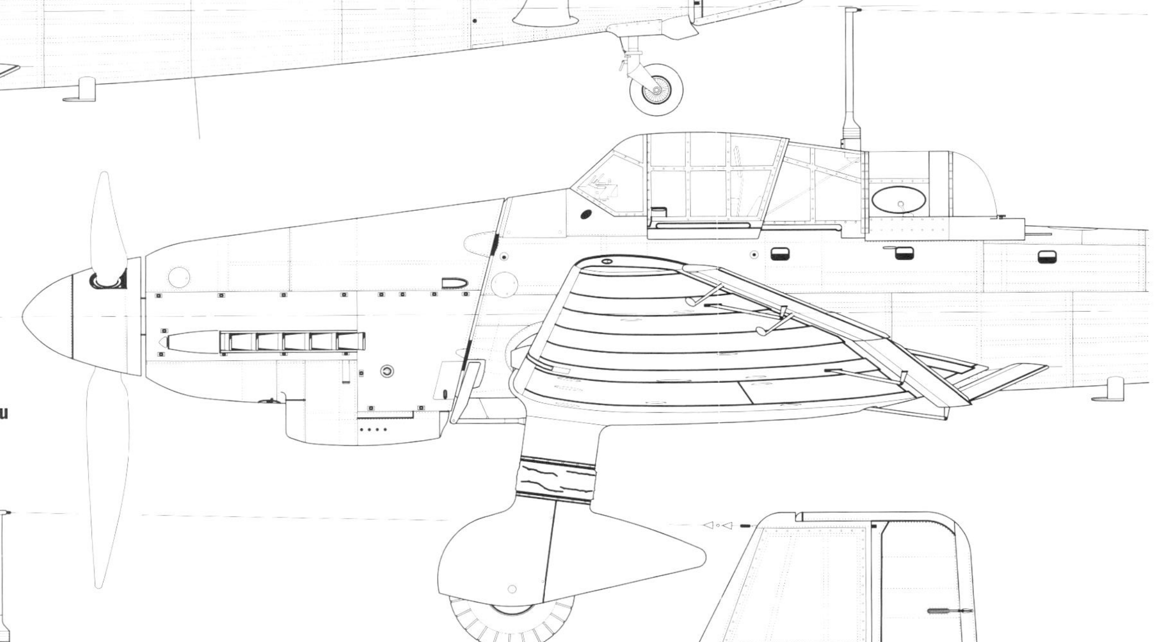

• Ju 87 H-1, side view
• Ju 87 H-1, widok z boku

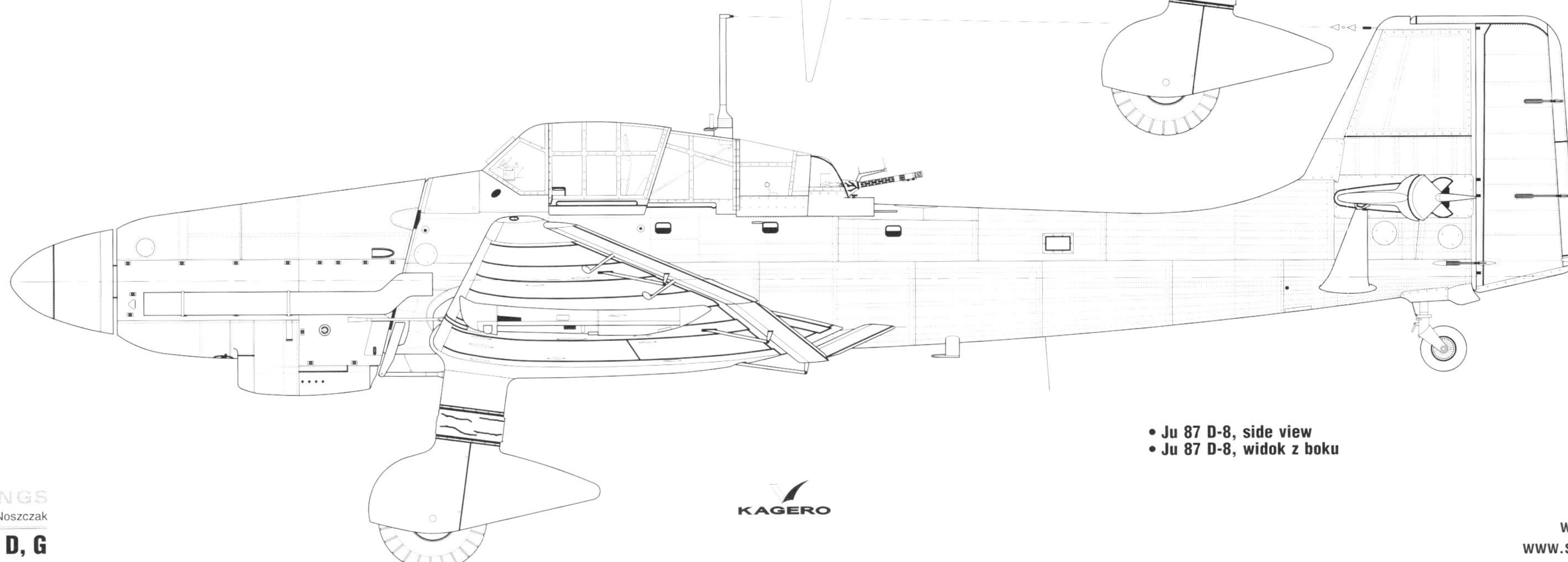

• Ju 87 D-8, side view
• Ju 87 D-8, widok z boku

Ju 87 D-7, D-8, G-1

Sheet/Arkusz 10

0 0,5 1 2 3m

Scale/skala 1/48

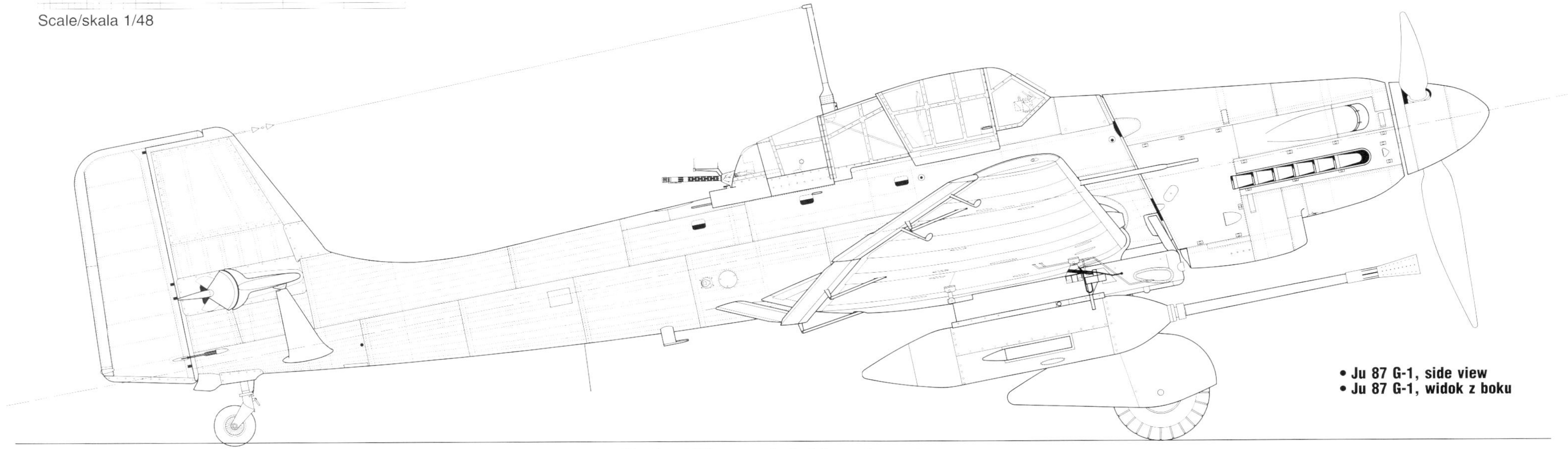

• Ju 87 G-1, side view
• Ju 87 G-1, widok z boku

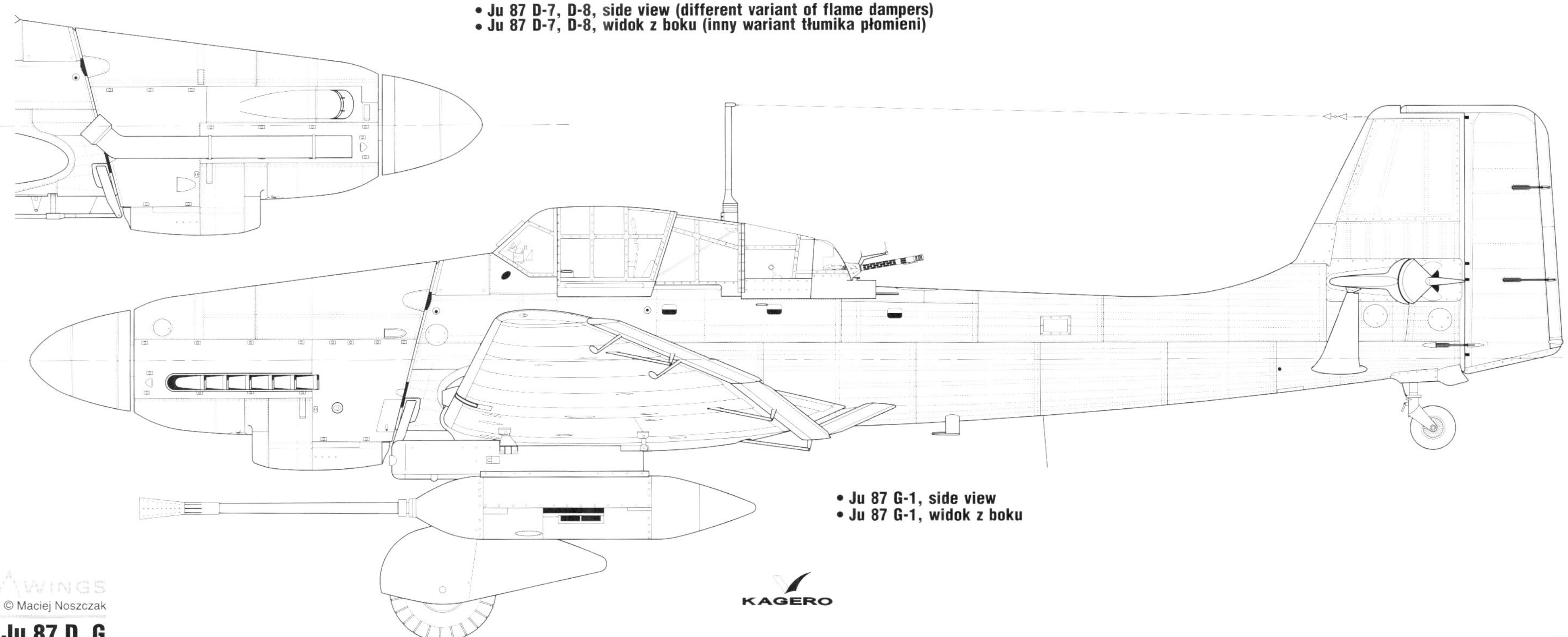

• Ju 87 D-7, D-8, side view (different variant of flame dampers)
• Ju 87 D-7, D-8, widok z boku (inny wariant tłumika płomieni)

• Ju 87 G-1, side view
• Ju 87 G-1, widok z boku

KAGERO

Junkers Ju 87 D, G

www.kagero.eu
www.shop.kagero.pl

Sheet/Arkusz 11

TOPDRAWINGS
Drawings/rysował: © Maciej Noszczak

Junkers Ju 87 D, G

Ju 87 D-7, D-8, G-2

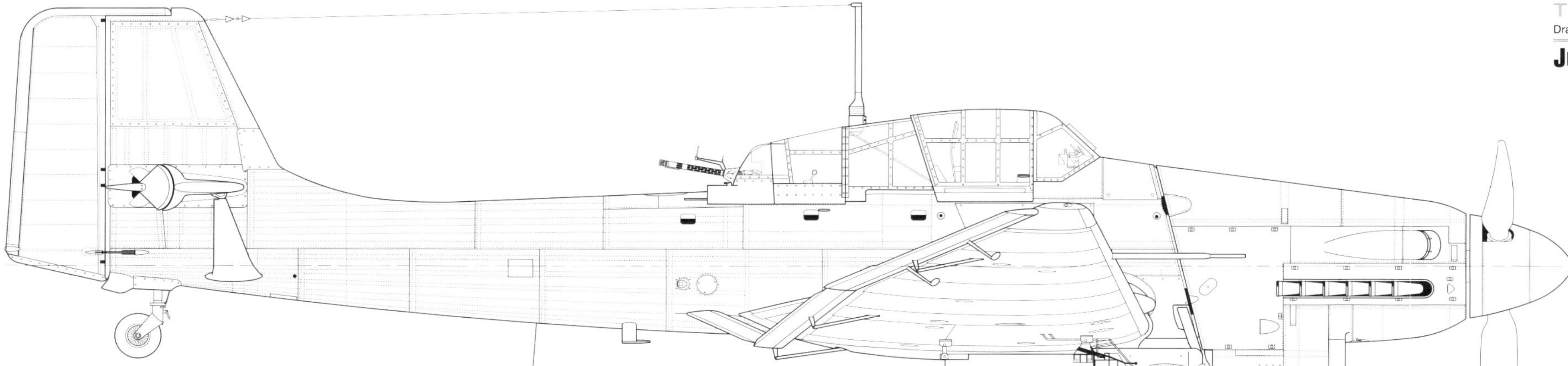

• Ju 87 G-2, side view
• Ju 87 G-2, widok z boku

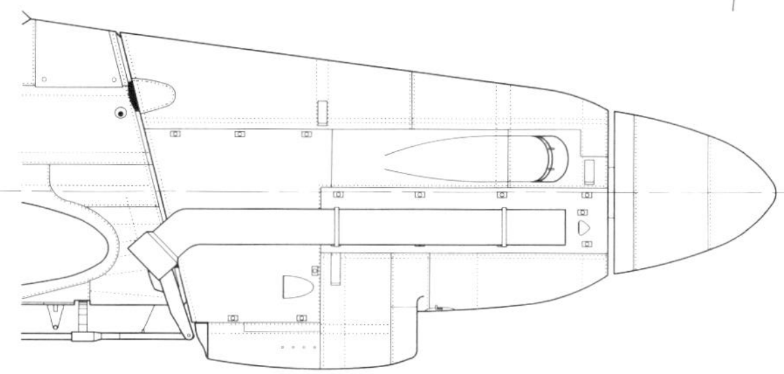

• Ju 87 D-7, D-8, side view (different variant of flame dampers)
• Ju 87 D-7, D-8, widok z boku (inny wariant tłumika płomieni)

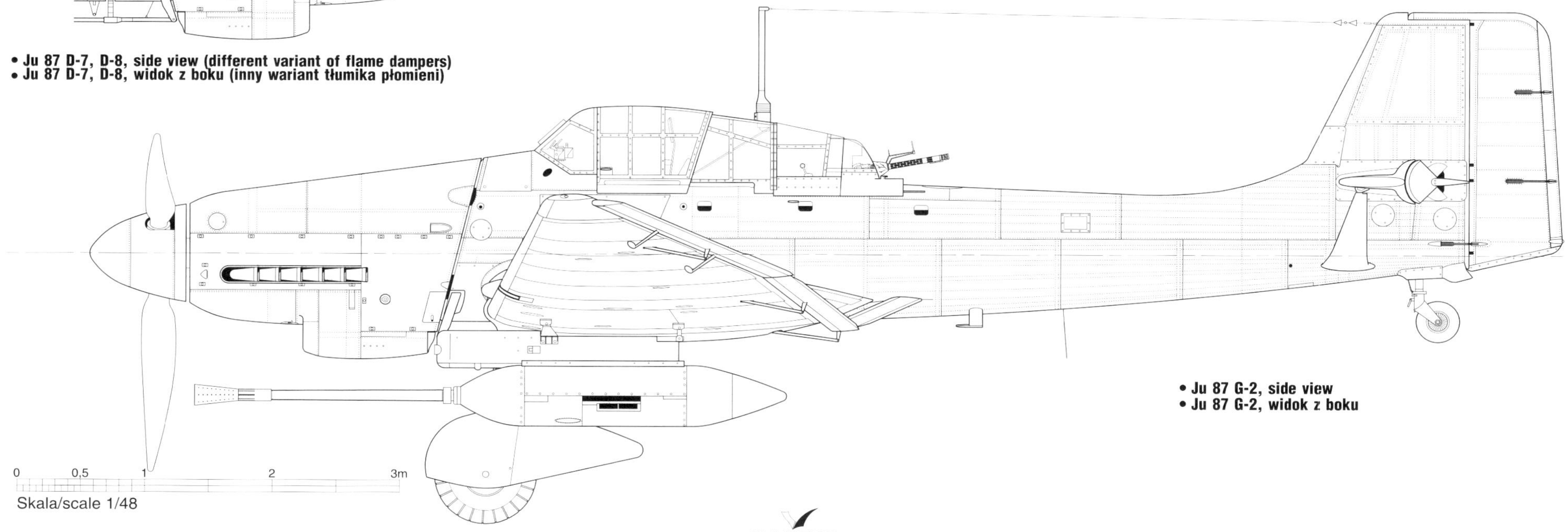

• Ju 87 G-2, side view
• Ju 87 G-2, widok z boku

KAGERO

Ju 87 G-2

0 0,5 1 2 3m

Scale/skala 1/48

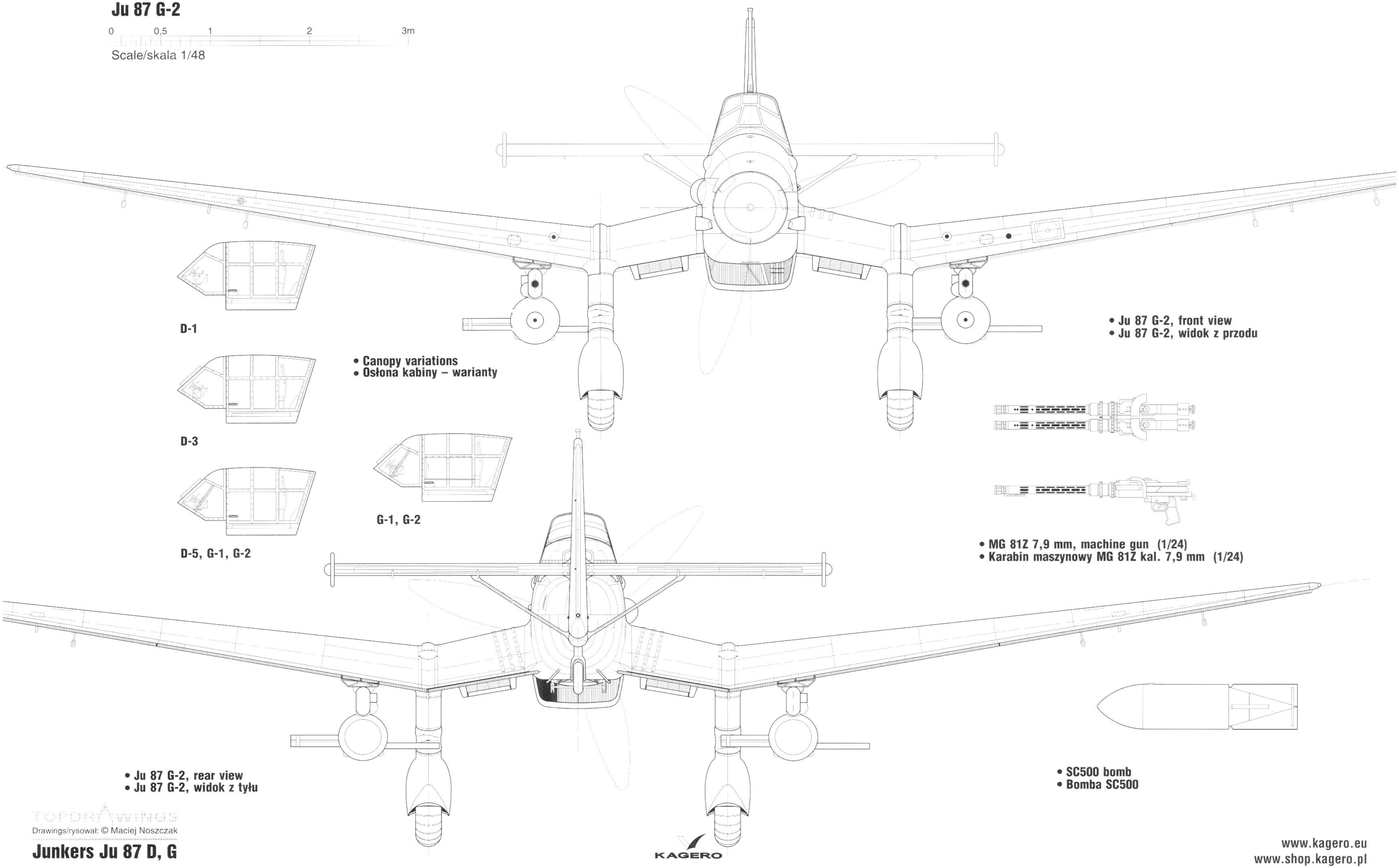

• Ju 87 G-2, front view
• Ju 87 G-2, widok z przodu

D-1

D-3

D-5, G-1, G-2

G-1, G-2

• Canopy variations
• Osłona kabiny – warianty

• MG 81Z 7,9 mm, machine gun (1/24)
• Karabin maszynowy MG 81Z kal. 7,9 mm (1/24)

• Ju 87 G-2, rear view
• Ju 87 G-2, widok z tyłu

• SC500 bomb
• Bomba SC500

TOPDRAWINGS
Drawings/rysował: © Maciej Noszczak

Junkers Ju 87 D, G

KAGERO
www.kagero.eu
www.shop.kagero.pl

Junkers Ju 87 D-1 – G-2, specification of external changes
Junkers Ju 87 D-1 – G-2, wykaz zmian zewnętrznych w wersjach samolotu

0 0,5 1 2 3 4 4,5

Scale/skala 1/72

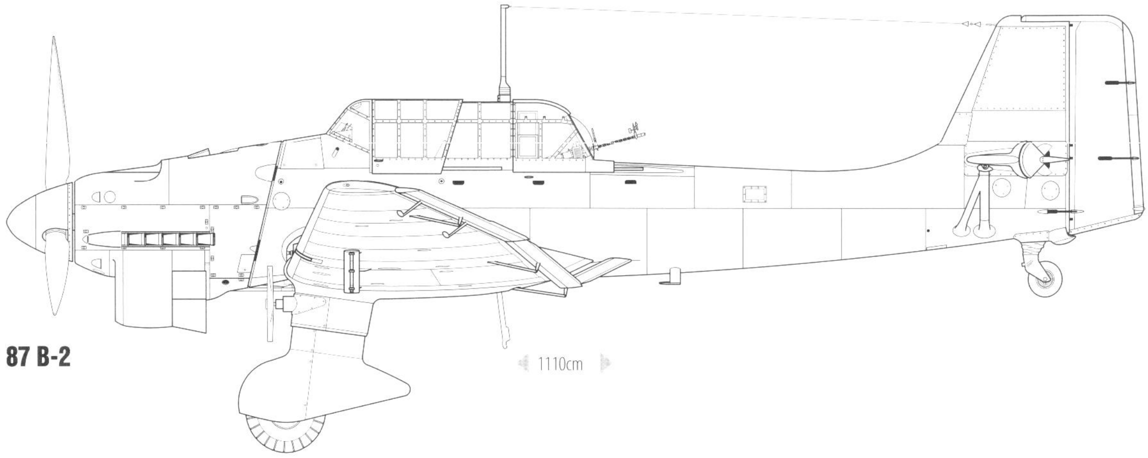

Junkers Ju 87 B-2

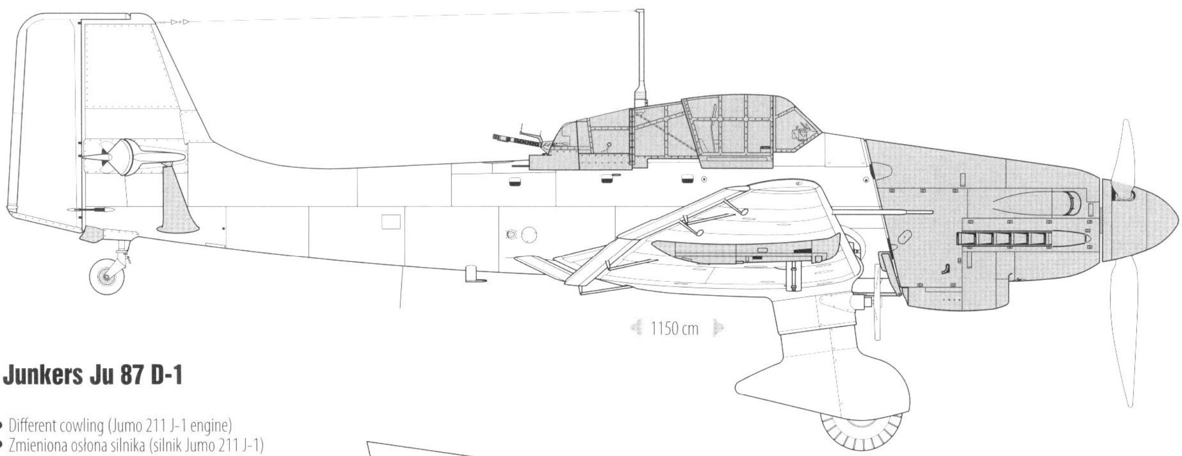

Junkers Ju 87 D-1

- Different cowling (Jumo 211 J-1 engine)
- Zmieniona osłona silnika (silnik Jumo 211 J-1)
- Changed spinner
- Zmieniony kołpak śmigła
- Underwing radiators
- Nieznacznie zmieniona tylna część kadłuba
- Underwing radiators
- Podskrzydłowe chłodnice
- Peil G.IV cover
- Osłona Peil G.IV
- Under fuselage bomb rack redesigned
- Przeprojektowany podkadłubowy wyrzutnik bomb
- MG 81 Z machine gun
- Karabin maszynowy MG 81 Z
- Redesigned canopy
- Przeprojektowana osłona kabiny

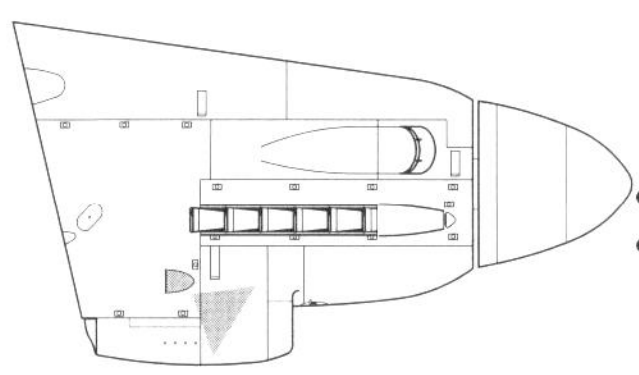

- **Late series Ju 87 D-1, side view**
- **Ju 87 D-1 – późna seria, widok z boku**

- Horizontal tail supports redesigned
- Przeprojektowane zastrzały stateczników poziomych
- Underwing racks
- Podskrzydłowe wyrzutniki

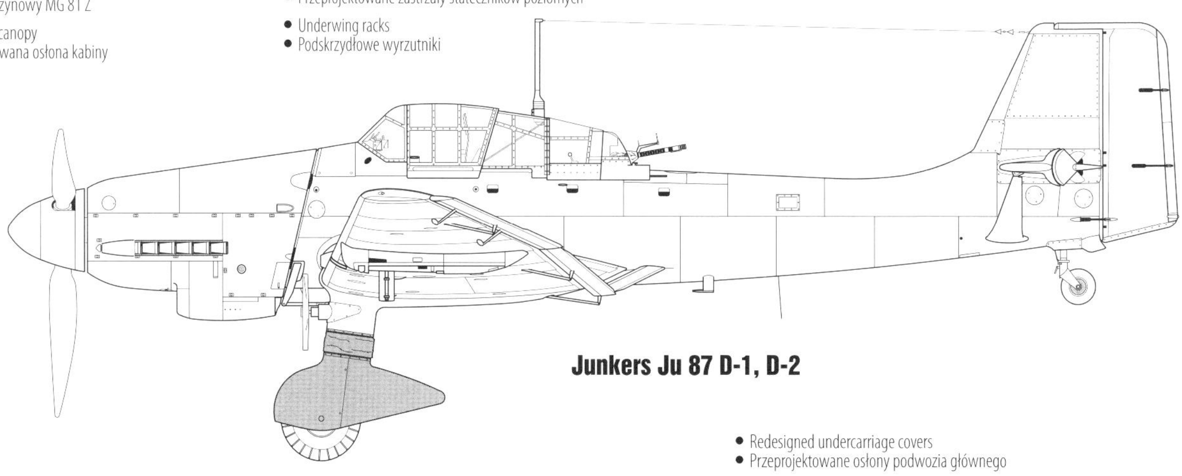

Junkers Ju 87 D-1, D-2

- Redesigned undercarriage covers
- Przeprojektowane osłony podwozia głównego

Changes / zmiany

Junkers Ju 87 D-1 – G-2, specification of external changes
Junkers Ju 87 D-1 – G-2, wykaz zmian zewnętrznych w wersjach samolotu

0 0,5 1 2 3 4 4,5

Scale/skala 1/72

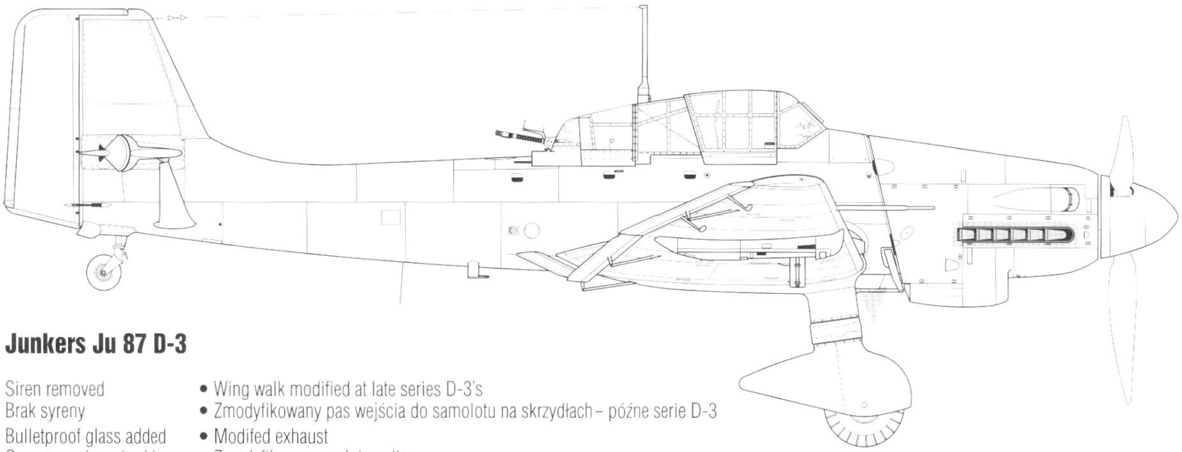

Junkers Ju 87 D-3

- Siren removed
- Brak syreny
- Bulletproof glass added
- Opancerzenie owiewki
- Wing walk modified at late series D-3's
- Zmodyfikowany pas wejścia do samolotu na skrzydłach – późne serie D-3
- Modifed exhaust
- Zmodyfikowany wylot spalin

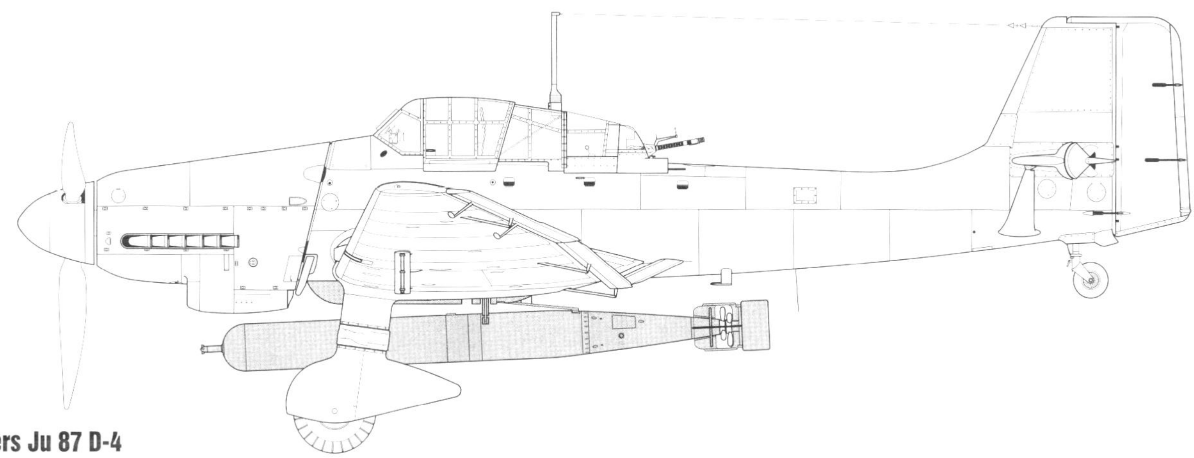

Junkers Ju 87 D-4

- Under fuselage torpedo rack
- Podkadłubowy wyrzutnik torpedy

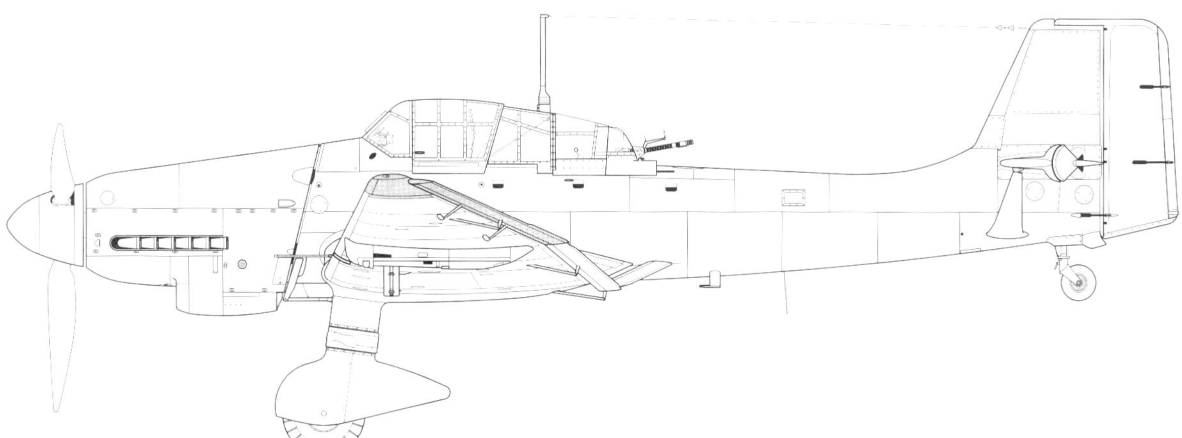

Junkers Ju 87 D-5

- Longer wings with span of 1,500 cm
- Zwiększona rozpiętość skrzydeł – 1500 cm
- MG 131 machine guns at wings
- Działka skrzydłowe MG 131

Changes / zmiany

TOPDRAWINGS

Drawings/rysował: © Maciej Noszczak

Junkers Ju 87 D-1 – G-2, specification of external changes
Junkers Ju 87 D-1 – G-2, wykaz zmian zewnętrznych w wersjach samolotu

0 0,5 1 2 3 4 4,5

Scale/skala 1/72

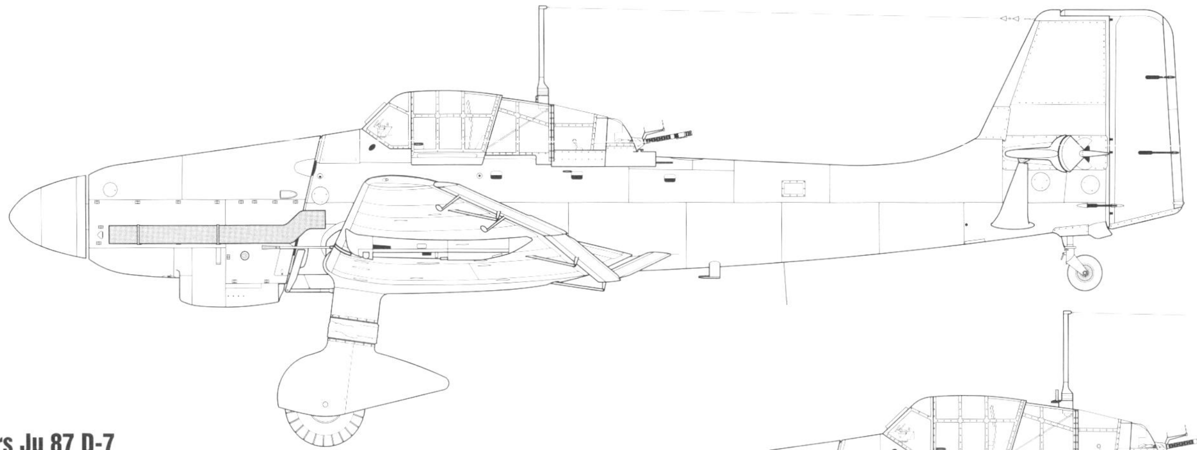

Junkers Ju 87 D-7

- Exhaust with flame dampers
- Wylot spalin z tłumikiem płomieni
- Wing's machine guns with flame dampers
- Skrzydłowe km-y z tłumikami płomieni
- No dive brakes
- Brak hamulców aerodynamicznych

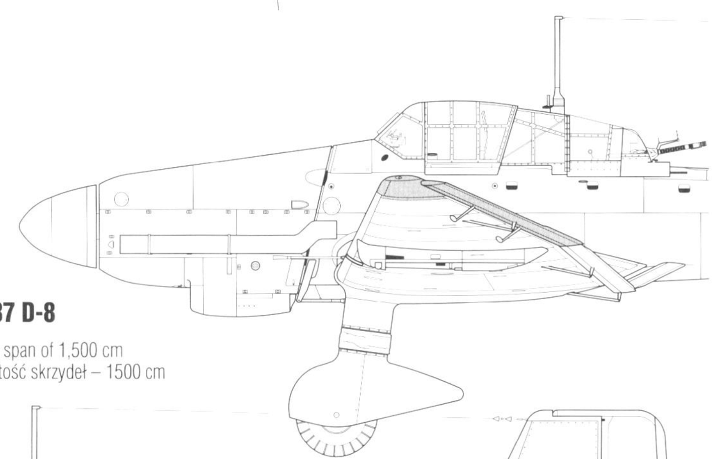

Junkers Ju 87 D-8

- Longer wings with span of 1,500 cm
- Zwiększona rozpiętość skrzydeł – 1500 cm

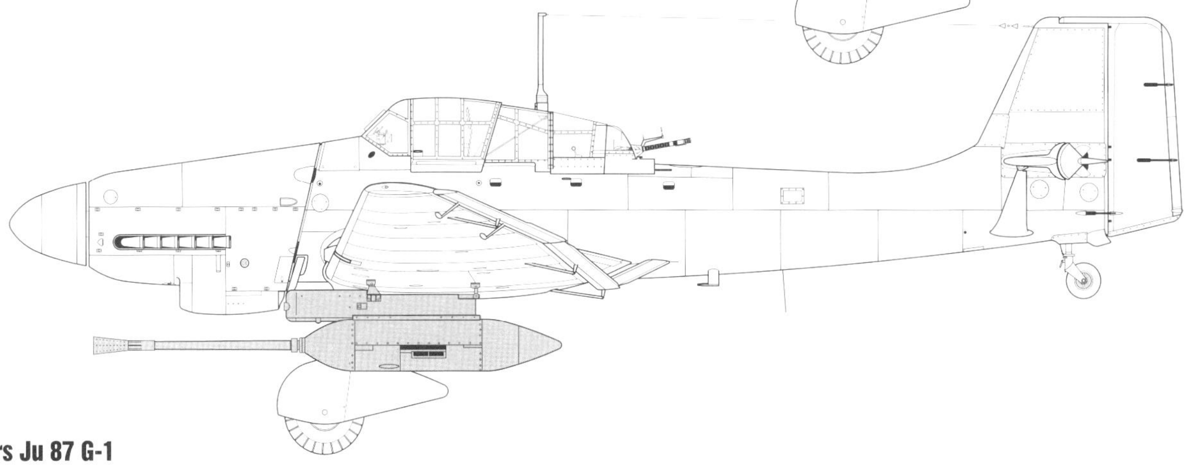

Junkers Ju 87 G-1

- Underwing guns BK 37 mm
- Działka podskrzydłowe 37 mm BK
- Removed bomb racks
- Zlikwidowane wyrzutniki bombowe
- No dive brakes
- Brak hamulców aerodynamicznych

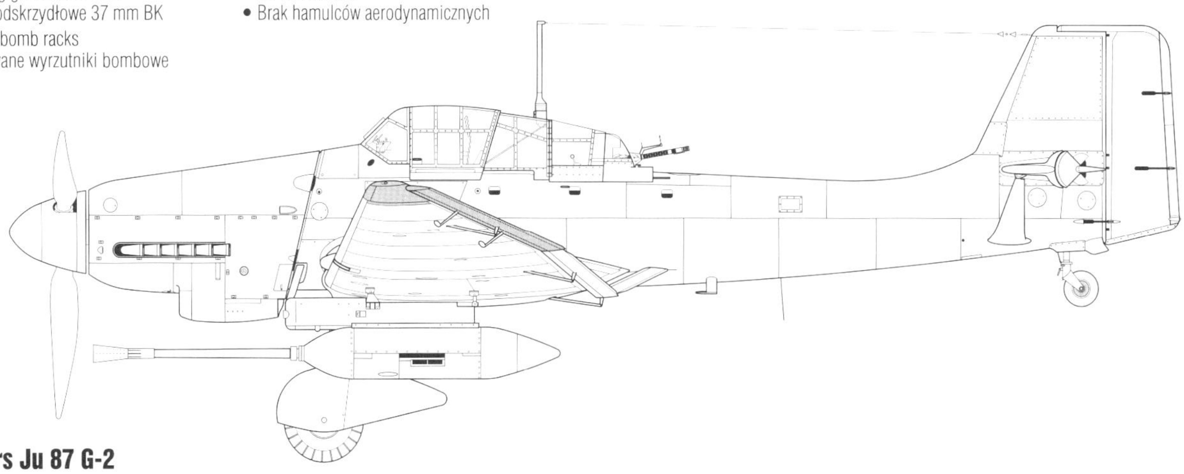

Junkers Ju 87 G-2

- Longer wings with span of 1,500 cm
- Zwiększona rozpiętość skrzydeł – 1500 cm

Changes / zmiany